끌림과 설렘으로 다가서는

대인관계 의사소통

신민주 · 주용국 공저

학지사

머리말

'당신은 참 멋진 사람이네요.'라는 얘기를 듣고 싶은 당신에게!

인생은 내가 처음 왔던 곳으로 되돌아가는 여정이다.
스치듯 지나는 그 길에서 만났던 풀꽃과 바람과 비추는 햇살처럼
우리는 그렇게 누군가를 만나고 헤어진다.
누구나 자신의 인생이라는 여정에서 어떤 날은 거센 바람이 불 때도 있고
또 어떤 날은 눈부신 태양이 이글거리듯 열정적인 날도 있었을 것이다.
좋은 인연이건 나쁜 인연이건 그런 잣대 또한 나의 기준일 수도 있다.
누군가를 만나는 것만으로도 행복이기에.

사람은 끊임없이 수많은 인간관계를 맺으며 살아간다. 부모와 자식 간, 부부나 연인 간, 직장상사와 동료 간, 형제자매 간, 친구 간의 관계 등……. 그러한 관계 속에서 기쁨을 느끼거나 행복감을 느끼기도 하지만 누군가 무심코 던진 말 한마디에 상처를 받기도 한다. 이런 경우 타인들과의 관계를 단절하고 혼자 살아갈 수만 있다면 모두가 혼자 살아가는 길을 택하겠지만, 그렇지 못한 상황들 속에서 우리는 가슴 속에 그 상처를 꽁꽁 숨기고 살아가는 것이다. 그렇다면 사람이 사람에게서 받은 상처는 어떻게 해야 치유할 수 있을까?

그것은 바로 사람이다. 사람이 사람에게 받은 상처는 사람에게 치유를 받아야 하는 것이다. 왜냐하면 우리는 이러한 인간관계에서 상처를 받기도 하지만 인간관계, 또 다른 말로 대인관계는 사람들의 행복이나 성공의 절반 이상에 기여하는 것으로 인식되고 있기 때문이다. 이런 관점에서 새뮤얼 골드윈(Samuel Goldwin)은 "적을 만들지 말라. 인생의 기술 중 90%는 내가 싫어하는 사람과 잘 지내는 방법에 관한 것이다."라고 말하면서 싫은 사람과도 인간관계가 필요하다고 했다. 이처럼 누군가의 가슴에 상처를 주는 사람이 되기보다는 누군가의 상처를 어루만져 주는 사람이 되어 보는 것은 어떨까? 때로는 누군가에게 편안함을 주고, 때로는 누군가를 빛나게 만들어 주고, 또 때로는 누군가를 행복하게 만들어 주는 그런 사람 말이다.

그러나 대부분의 사람이 인간관계에서 가장 힘든 부분이 사람과의 관계 유지와 의사소통이라고 한다. 아마 누구나 한 번쯤은 다음과 같은 경험을 했을 것이다. 그중 하나는 자신이 희생하고 상대방에게 맞춰 주려고 노력을 하지만 상대방은 자신의 주장만을 펼치며 함부로 막 대해도 된다는 식의 태도를 보이는 경우이다. 그다음은 유난히 대화가 통하지 않고 함께 있는 시간이 고통스러울 만큼 답답하거나 싫어하는 사람과 만나야 하는 경우이다. 무조건적인 희생으로 상대에게 맞춰 주는 사람이 마주 보기 싫은 사람과 만나서 가면을 쓰고 억지로 시간을 함께 보내야 한다는 것, 이것은 매우 고통스러운 일이다.

그렇다면 어떻게 원만한 대인관계를 형성하고 상대방과 소통하며 관계를 유지해 갈 수 있을까? 물론 각종 SNS나 인터넷을 뒤져 보면 힘든 인간관계 해결책에 관한 다양한 처방이 있다. 그중에는, 첫째, 내가 먼저 마음의 문을 열어야 상대방도 마음의 문을 연다는 노크의 법칙, 둘째, 거울은 먼저 웃지 않으므로 내가 먼저 웃어야만 거울 속의 내가 웃는다는 거울의 법칙, 셋째, 다른 사람에게 호감을 얻고 싶으면 먼저 호감을 품어야 한다는 기브 앤 테이크(give and take)의 법칙, 넷째, 짚신도 짝이 있듯이 사람마다 맞는 짝이 있으므로 싫은 사람과 억지로 친해지려고 애쓰지 말라는 짚신의 법칙, 다섯째, 인간관계에서 좋은 관계를 만들고 싶으면 이중잣대를 버리고 상대방을 있는 그대로 인정하라는 인정의 법칙 등이 대표적이다. 그러나 이런 수많은 처방전은 대인관계에서 일시적으로는 효과가 있을 수 있고 위로가 되기도 하지만, 진정한 대인관계가 되기 위한 본질적인 처방은 되지 못한다.

그렇다면 여러분이 생각하는 성공적인 인간관계는 어떤 유형인가? 흔히 주변에서 마당발이라는 소리를 듣는 사람들처럼 무작정 넓은 인간관계 유형이 좋다고 생각하는가? 아니면 다소 인간관계의 폭이 좁더라도 지란지교(芝蘭之交)나 수어지교(水魚之交) 같은 깊은 인간관계를 추구하는 유형이 좋은 유형이라고 생각하는가? 여기서 어떤 인간관계가 좋다거나 올바른지에 대한 정답은 없다. 다만, 분명한 것은 자신이 행복하거나 성공하려면 대인관계에 있어서는 서로에게 진실성을 지니고 상호 성장을 지원하는 사람과 만나야 한다는 것이다.

그다음으로 대인관계를 형성하고 유지하는 데 가장 중요한 핵심은 소통이다. 이러한 소통을 잘하는 방법을 자칫 오해하여 무조건적으로 자기 자신을 개방하고 시시콜콜 모든 것을 얘기하거나 알려고 한다면 상대방이 지치게 되어, 오히려 오해나 사소한 말 한마디로 관계가 무너지는 것을 종종 본다. 그런 경우 어쩌면 차라리 자기주장이나 자기개방보다 상대방의 말을 경청하는 것이 관계를 더 좋아지게 할 수도 있다. 특히 상대방의 마음이 나와 같을 거라고 믿으면 오히려 그 사람으로 인해 상처를 받을 수 있다. 왜냐하면 이 세상에서의 '나'는 오로지 한 사람뿐이며 남이 나와 같은 마음일 것이라는 생각은 오로지 나만의 착각이기 때문이다. 물론 살아가면서 사람과의 관계로 힘들다면 상대방의 나쁜 점만을 바라보는 나 자신을 돌아보고 오히려 긍정적으로 바라보려는 노력이 필요하다. 이러한 노력들은 살아가면서 더욱 만족스럽고 원만한 대인관계를 형성하게 한다. 결론적으로 행복과 성공으로 이끄는 대인관계의 본질은 가장 먼저 '자신에게 진실(true to myself)'해야 하고, 그다음으로는 '타인에게 성실(true to others)'해야 한다는 것이다. 이와 같은 점에서 자신의 진정성을 높일 수 있는 자기이해와 자기존중, 그리고 타인과의 관계에서 성실성을 높일 수 있는 공감적 경청 등의 의사소통 능력이 매우 중요하다.

이런 관점에서 이 책은 진정성 있는 자기이해와 자기존중을 바탕으로 타인과의 관계형성을 위한 대인관계와 의사소통 실천 방법을 제시하고 있다. 이 책은 총 3부로 구성되었다. 제1부는 끌림과 설렘, 울림과 어울림의 대인관계로, 제1장 나의 대인관계 준비도, 제2장 대인관계의 의미와 유형, 제3장 끌림과 설렘, 울림과 어울림의 대인관계 단계로 구성되어 있다. 제2부는 끌림과 설렘, 울림과 어울림의 대인관계 기반 다지기로, 제4장 끌림과 설렘, 울림과 어울림의 대인관계 기반 다지기의 첫 번째 단계: 나를 알기, 제5장 끌림과 설렘, 울림과 어울림의 대인관계 기반 다지기의 두 번째 단계: 나와 상대방 알기, 제6장 끌림과 설렘, 울림과 어울림의 대인관계 기반 다지기의 세 번째 단계: 서로 소통하기를 다루었다. 제3부는 끌림과 설렘, 울림과 어울림의 대인관계 구축과 의사소통의 실천으로, 제7장 끌림과 설렘, 울림과 어울림을 주라, 제8장 멋지게 의사소통하는 방법을 연습하라는 내용으로 구성되어 대인관계에서 어려움을 겪는 이들에게 도움을 주고자 하였다. 부록은 실천계획을 위한 것으로, 어울림의 대인관계 구축과 의사소통에 필요한 요건, 효과적인 의사소통의 방법 10단계, 나만의 실천 방법으로 구성되었다.

이 한 권의 책이 자신에게는 진정성을 높이고, 타인과의 관계에서는 소통과 성실성(진실성)을 높이는 지침서가 되어 모두가 행복한 삶을 살아가는 데 보탬이 되기를 소망한다. 끝으로 이 책의 표지 그림을 통해 인간의 내면에 잠재해 있는 여러 가지 감정을 멋지게 표현해 준 이세정 일러스트레이터께도 감사의 인사를 드린다. 더불어 이 책의 출판에 오랜 시간 진심 어린 애정과 관심을 주신 학지사 김진환 사장님과 김은석 부장님 그리고 편집부에 감사의 마음을 전한다.

2019년 2월

저자 일동

차례

PART II 끌림과 설렘, 울림과 어울림의 대인관계 기반 다지기

PART III 끌림과 설렘, 울림과 어울림의 대인관계 구축과 의사소통의 실천

인간관계가 우리를 힘들게 하는 이유는 크게 세 가지이다.

타인에게 잘 보이고 싶은 마음,

타인의 비난,

관계의 상실이 그것이다.

이 세 가지를 재치 있게 대처할 수 있다면

부정적인 감정을 이겨 내는 것은 물론

상황을 반전시킬 수도 있을 것이다.

제 1 부

끌림과 설렘, 울림과 어울림의 대인관계

자신을 완성시키려면 정신적으로 성장하는 것은 물론
다른 사람과의 관계도 잘 맺어야만 합니다.
다른 사람들과 교제를 맺지 않고
또한 다른 사람에게 영향을 미치거나
영향을 받지 않고서는
자신을 살찌워 나갈 수 없기 때문입니다.

-톨스토이(Leo Tolsotoy)-

제 **1** 장

나의 대인관계 준비도

지구에 막 도착한 어린 왕자에게 여우가 인사를 건넸다. "안녕."

"안녕. 넌 누구니? 참 예쁘구나." 어린 왕자가 말했다.

"나는 여우야."

"이리 와서 나하고 놀자. 난 아주 쓸쓸하단다."

"난 너하고 놀 수가 없어. 길이 안 들었으니까."

"난 친구를 찾고 있어. 그런데 길들인다는 게 무슨 말이니?"

"모두들 잊고 있는 건데, 관계를 맺는다는 뜻이란다." 여우가 대답했다.

"관계를 맺는다고?"

"응. 지금 너는 다른 애들 수만 명과 조금도 다름없는 사내애에 지나지 않아. 그리고 나는 네가 필요 없고, 너는 내가 아쉽지도 않을 거야. 네가 보기엔 나도 다른 수만 마리 여우와 똑같잖아? 그렇지만 네가 나를 길들이면 우리는 서로 아쉬워질 거야. 내게는 네가 세상에서 하나밖에 없는 존재가 될 것이고, 네게도 내가 이 세상에 하나밖에 없는 여우가 될 거야."

「어린 왕자」의 내용 중 인연과 관계의 중요성을 보여 주는 대목이다. 우리는 누군가에게 어떤 존재인지, 우리는 살아가면서 누군가와 어떤 소통을 하며 관계를 맺고 있는지, 간혹 무심코 내뱉은 나의 말에 누군가가 상처를 입지 않았는지 돌아볼 필요가 있다.

1 끌림과 설렘, 울림과 어울림의 대인관계

1) 끌림과 설렘, 울림과 어울림의 대인관계의 의미

미국 보스턴 대학교에서 인간의 성공과 출세에 관하여 7세 어린이 400명을 40년 동안 추적조사한 결과에 따르면, 성공과 출세에 가장 중요하게 영향을 끼친 요소는 다른 사람들과 잘 어울리는 능력이라고 제시하고 있다. 그렇다면 어떻게 대인관계를 형성하고 유지하고 대인관계를 통하여 상호 성장하는 동반자로까지 발전할 수 있을까?

2002년 노벨 경제학상 수상자인 대니얼 카너먼(Daniel Kahneman) 교수는 사람과의 만남에 있어서 사람의 마음을 잡아끄는 힘인 신체적이거나 개인의 성격 등의 매력이 있어야 상대방의 호감을 유발한다고 한다. 특히 심리학의 여러 연구에 따르면, 첫 만남에서의 인상 형성은 5초 안에 결정된다고 한다. 미국 프린스턴 대학교 심리학 연구팀도 상대를 판단하는 데 걸리는 시간이 0.1초 밖에 소요되지 않는다는 연구결과를 발표하였다. 특히 상대방의 얼굴을 보고 그를 판단하는 데 걸리는 시간이 이 정도밖에 걸리지 않는다. 일반적으로 누군가를 처음 만나서 서로를 바라볼 때 첫인상은 2~3초, 늦어도 7~15초 안에 결정되며 이러한 현상을 '스냅스(snaps)현상'이라고 한다. 이때 좋은 인상, 즉 호감을 주는 것에는 주로 신체적 매력이나 개인의 가시적인 매력(예: 단정한 옷차림 등의 이미지메이킹, 개인의 사회경제적 배경 등)이 많이 작용한다고 한다.

하지만 대부분의 호감은 그 자체만으로는 오래 유지되는 경우가 드물다. 왜냐하면 첫인상을 형성할 때에는 우리가 가지고 있던 정신모형(mental model) 또는 도식(schema)에 따른 고정관념에 의하여 판단하는 경우가 대부분인데, 후광효과(halo effect)에 의해 타인을 긍정적으로 평가하거나 부정적 특성이 두드러져 인상 형성에 나쁜 영향을 받는, 즉 인상 형성에서의 편파가 발생하는 경우가 있기 때문이다. 하지만 만나면서 시간이 흐르면 내면의 보이지 않았던 성격, 역량, 특성 등이 겉으로 드러나기 시작한다. 따라서 인간관계가 진전이 되기 위해서는 지속적으로 만나면서 목표를 달성하거나, 즐겁고 유쾌하거나 상대방의 심장을 두근거리게 할 만큼의 그동안 보지 못했던 매력 DNA가 있어야 늘 만나고 싶다는 설렘을 가져다준다. 설렘은 연인 간에는 콩깍지가 씐 시기이고, 사업 파트너 간에는 협력이 그 증표로 나타난다. 그러면서 서로의 만남이 지속되며 상호 간의 공통 관심사와 이해 폭이

그림 1-1 대인관계의 발전 단계

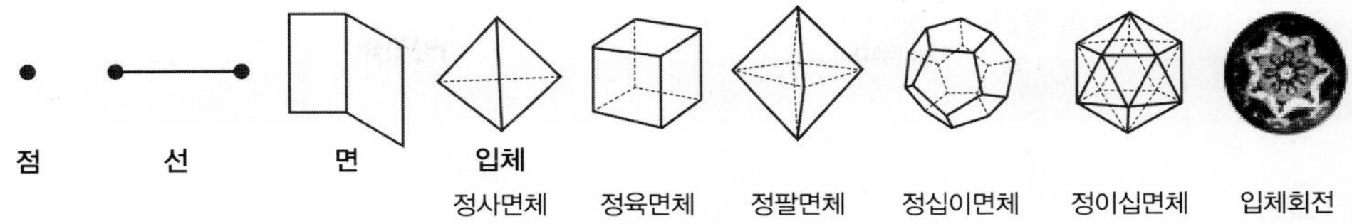

그림 1-2 점, 선, 면, 입체를 통한 통찰

출처: 주용국, 신민주(2017).

넓어지고, 장기간 만나면서 상호 협력하는 울림의 단계를 거치게 된다. 울림의 단계가 깊어지면 상호 성장을 돕는 어울림의 단계로 진정한 파트너로 도약하게 된다. 이때 '잘 어울리네요.' '전생에 부부였나 봐요.' '천생연분이네요.' '케미가 장난이 아니네요.' 등의 말을 가장 많이 듣게 되는, 대인관계의 절정단계인 어울림을 만나게 된다.

대인관계의 각 단계를 이해하기 쉽게 그림으로 은유적으로 표현하면 점, 선, 면, 입체, 그리고 역동적 입체로 볼 수 있다(주용국, 신민주, 2016). 매력 단위로서의 점은 각 개인이 가진 색깔이나 크기, 모양에 의존한다. 크기가 크거나 색이 화려하거나 모양이 특이할수록 매력적 가치는 높게 인식된다. 매력과 매력이 만나 이루어지는 선은 끌림의 결과이다. 물론 선의 굵기와 길이는 끌림의 크기에 비례한다. 면은 거미가 거미줄을 치듯이 상호 간의 설렘이 이어져서 하나의 면적을 차지하게 된다. 울림은 대인관계의 목적과 방향성을 찾고 하나의 완전한 입체로서 뚜렷하게 나타나게 된다. 입체의 회전에 근간한 어울림은 초기의 목적을 떠나서 다방면에서 상호 성장과 발전을 지원하는 관계로 나타난다. 대인관계의 관련 단어를 언어적으로 표현하면 다음 〈표 1-1〉과 같다. 자세한 내용은 이어지는 장에서 의미를 설명하겠다.

표 1-1 대인관계의 발전 단계별 특징

구분	매력	끌림	설렘	울림	어울림
시각적 표현	점	선	면	입체	역동적 입체
일상적 표현	• 얼짱 • 몸짱 • 전문가 • 성품 • 재능 • 사회경제적 지위 • 사회적 자본	• 거래처 (사업 파트너) • 아는 사이 • 친한 사이 • 호감	• 썸	• 사랑 • 참된 우정 • 높은 케미	• 완전한 사랑
고사 성어	• 신언서판 (身言書判)	• 오월동주 (吳越同舟) • 죽마고우 (竹馬故友)	• 역지사지 (易地思之)	• 이심전심 (以心傳心) • 염화미소 (拈花微笑) • 백아절현 (伯牙絶絃) • 수어지교 (水魚之交)	• 금란지교 (金蘭之交) • 백년가약 (百年佳約) • 문경지교 (刎頸之交)
특징	• 대인관계에서의 매력은 일반적인 부분과 더불어 개인 선호에 따른 특수성도 존재함 • 사실에 기반함	• 자신의 이익이나 즐거움, 쾌락 추구 • 일방적 끌림(짝사랑 등)으로 나타나는 경우도 있음 • 사실에 대한 욕구와 생각에 따라 형성됨	• 상호 간의 만남을 통한 이해 증진 • 사실과 욕구와 이에 근거한 감정이 나타남	• 내면의 가치 체계나 관점까지 공유하게 됨	• 상호 성장과 발전

2) 끌림, 설렘, 울림과 어울림의 대인관계 공식

상대성 이론으로 유명한 세계적인 물리학자 아인슈타인에 관한 일화이다. 한 학생이 어려운 물리학 강의 도중 잠시 숨을 돌리고 있는 아인슈타인

박사에게 "선생님은 모든 물체 사이에 작용하는 상대성원리도 발견하시고 수식화하셨는데, 그렇다면 사람들 사이에 오가는 사랑을 방정식으로 표현할 수 있습니까?" 하고 질문을 하였다. 잠시 생각한 아인슈타인은 'Love=2□+2△+2∨+8<'라는 방정식을 만들어 주었다. 이 방정식의 의미를 들은 학생들은 감탄사를 연발할 수밖에 없었다. 아인슈타인이 풀이한 방정식의 의미는 다음과 같다.

> 가지 않으면 안 될 길을 마지못해 떠나가며 못내 아쉬워 뒤돌아보는 그 마음! 갈 수 없는 길인데도 따라가지 않을 수 없는 안타까운 마음! 그 마음이 곧 사랑인 것이다.

사랑에 관한 아인슈타인의 마음을 충분히 알 수 있는 대목이다. 다음은 그가 만든 사랑의 방정식이다.

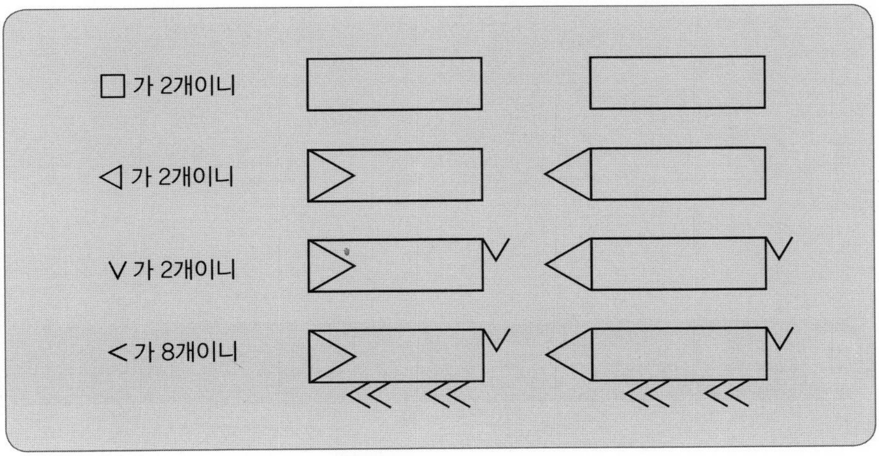

그림 1-3 사랑의 방정식

출처: http://www.mathpark.com

아인슈타인이 만든 첫 번째 단계인 □가 2개인 단계가 매력 단계라고 볼 수 있고, □에 ◁가 2개인 단계가 끌림 단계, 여기에 ∨가 2개 추가된 단계가 설렘 단계, <가 8개 추가된 단계가 울림 단계이다. 여러분이 생각하는 어울림의 단계는 어떻게 표현될까? 여러분만의 어울림의 공식을 만들어 보자.

활동

나만의 어울림의 공식 만들어 보기

2 대인관계 준비도 진단

다음의 매력 DNA와 대인관계 형성 및 유지와 관련된 역량의 3가지 진단 테스트를 통해 대인관계 형성에서 자신의 준비도를 알아보자.

1) 매력 DNA: 첫 만남 준비도

※ 처음 사람을 만나 관계를 시작하는 데 어려움이 없는지 알아보는 설문지입니다. 다음에 제시된 10개의 문항들을 잘 읽고, 자신을 잘 표현한 문항 수를 더해 맨 끝 총점 란에 기입해 보세요.

[1단계] 첫 만남: 매력 DNA		
	문항	해당 여부
1	만나는 사람 대부분이 내게 첫인상이 좋다고 말해 준다.	
2	호감을 끌 수 있는 외모와 성격을 가졌다.	
3	언제나 깔끔한 차림새와 상황에 맞는 분위기를 연출하려고 노력한다.	
4	처음 만나는 사람과도 공통분모를 쉽게 찾아낸다.	
5	한번 친해지면 특별한 일이 없을 때에도 일상적인 연락을 하고 지낸다.	
6	다른 사람의 장점을 잘 찾아내고 효과적으로 칭찬하는 방법을 알고 있다.	
7	밝은 표정에 잘 웃는 편이고 유머감각이 풍부하다.	
8	상황이나 분위기를 잘 맞추고 눈총받는 일은 안 한다.	
9	처음 만난 사람과도 금방 친해진다.	
10	인상이 좋다는 말을 많이 듣는다.	
		총점: __________점

※ 결과 해석	
8~10점	처음 사람을 만나 관계를 시작하는 데 문제가 없습니다. 바로 2~3단계의 설문지를 체크해 보세요.
4~7점	첫 만남에서부터 사람을 끌 수 있는 여러 가지 호감요인을 이미 갖고 있습니다. 1단계에서의 부족한 점을 보완할 수 있는 방법을 찾으세요.
0~3점	첫 만남에서 호감을 살 수 있는 사람과는 거리가 멉니다. 그러나 지금부터 변화를 시도해도 늦지 않습니다. 지금까지의 자신의 행동과 태도를 점검하고, 더 나은 모습을 연구하고 실천하십시오.

출처: 이민규(2009).

2) 대인관계 형성 역량

※ 첫 만남 이후 대인관계의 형성 가능성에 대해 알아보는 설문지입니다. 다음에 제시된 10개의 문항들을 잘 읽고, 자신을 잘 표현한 문항 수를 더해 맨 끝 총점 란에 기입해 보세요.

[2단계] 대인관계의 형성		
	문항	해당 여부
1	나 자신을 사랑하고 누굴 만나든 당당하게 행동한다.	
2	의견이 달라도 차이를 인정하고 입장 바꿔 생각한다.	
3	잘 들어 주는 편이라 누구든 나와 대화하기를 좋아한다.	
4	하는 일이 다른 사람을 만나도 쉽게 공통분모를 찾아낸다.	
5	잘난 체하기보다는 진솔하게 단점을 드러내는 편이다.	
6	나이가 어린 사람에게도 모르면 모른다고 말하고 도움을 요청한다.	
7	문제가 생겨도 남을 탓하거나 투덜거리지 않는다.	
8	아무리 나쁜 일이라도 그 속에서 좋은 점을 찾아낸다.	
9	험담을 하지 않는 편이며 뒷담화에 말려들지 않는다.	
10	사람들에게 자연스럽고 기분 좋게 호감을 전달할 수 있다.	
		총점: ________점

※ 결과 해석	
8~10점	원하기만 하면 누구와도 친밀한 관계를 형성할 수 있습니다. 3단계의 설문지를 체크해 보십시오.
4~7점	첫 만남의 호감을 친밀관계로 발전시킬 수 있는 여러 가지 호감요인을 갖고 있습니다. 2단계에서 조금만 더 부족한 점을 찾아 보완할 수 있는 방법을 연구하세요.
0~3점	첫 만남에서 호감을 살 수 있다 해도 친밀한 관계로 발전시키는 데는 문제가 있습니다. 그러나 지금까지의 태도를 검토하고 더 효과적인 해결책을 찾아 변화를 시도하면 지금이라도 늦지 않습니다.

출처: 이민규(2009).

3) 대인관계 유지 역량

※ 다음은 대인관계를 지속적으로 유지하는 데 필요한 역량을 알아보는 설문지입니다. 다음에 제시된 10개의 문항들을 잘 읽고, 자신을 잘 표현한 문항 수를 더해 맨 끝 총점 란에 기입해 보세요.

[3단계] 대인관계의 유지 및 발전		
	문항	해당 여부
1	남들의 콤플렉스를 잘 파악하고 절대로 건드리지 않는다.	
2	남이 보지 못하는 다른 사람들의 장점을 쉽게 찾아낸다.	
3	사람들이 재능을 발휘하도록 지도하는 능력이 남다르다.	
4	사람들은 나와 함께 있으면 편하고 즐겁다고 말한다.	
5	나를 아는 사람들은 나와의 관계를 자랑스럽게 생각한다.	
6	아무리 친해도 상대방의 개인영역을 침범하지 않는다.	
7	잘못했으면 변명하기보다는 일단 사과부터 한다.	
8	어려운 상황에서도 감사할 일을 찾고 감사표현을 잘한다.	
9	받기보다는 먼저 주는 편이고, 받으면 반드시 갚는다.	
10	인간관계나 일에서 시작은 물론 마무리도 중시한다.	
		총점: ________점

※ 결과 해석	
8~10점	한번 사람을 만나 친밀한 관계가 형성되면 오랫동안 좋은 관계를 유지할 수 있습니다. 지금까지 해 왔던 대로 하면 문제가 없습니다.
4~7점	친밀한 관계를 장기적으로 유지할 수 있는 여러 가지 호감요인을 이미 갖고 있습니다. 3단계에서의 부족한 점을 조금만 보완한다면 당신이 만난 대부분의 사람과 좋은 관계를 유지할 수 있습니다.
0~3점	호감을 주어 친밀관계를 형성했다 해도 그 관계를 장기적으로 유지하는 데는 문제가 있습니다. 하지만 지금까지의 태도를 점검하고 더 효과적인 해결책을 찾아 변화를 시도하면 지금이라도 늦지 않았습니다.

출처: 이민규(2009).

4) 솔로탈출 역량

※ 다음은 인터넷상에 떠도는 심리테스트 중 솔로탈출 지수와 관련된 문항입니다. 솔로를 벗어나고 싶은 사람은 응답하세요. 물론 내용의 타당성은 검증되지 않았으므로 믿거나 말거나입니다.

테스트 방법

테스트 1, 2의 10문항에서 당신에게 해당되는 보기를 고른다. 채점표에서 점수를 확인하고 10문항의 합계를 낸다. 총 합계로 진단표에서 당신의 타입을 확인한다.

[테스트 1] 연애 초반전 당신의 연애 행동 지수는?

1. 내일은 모처럼 미팅이 있는 날, 그런데 갑자기 해야 할 일이 생겼다. 당신이라면 어떻게 할까? (　　　)
   ① 어떻게든 빠져나갈 방법을 찾는다.
   ② 할 수 없지, 뭐. 미팅을 포기한다.
   ③ 미팅을 미루라고 친구를 협박한다.
   ④ 무슨 일이 있어도 미팅을 나간다.

2. 미팅에 나가 보니, 지금껏 꿈꿔 왔던 이상형이 앉아 있다. 그러나 그(녀)는 당신의 친구에게 관심이 있는 것 같다. 당신이라면 어떻게 할까? (　　　)
   ① 그(녀)와 짝이 될 수 있도록 주선자에게 압력을 넣는다.
   ② 나중에 친구에게 그(녀)를 소개해 달라고 한다.
   ③ '내 팔자가 그렇지 뭐.' 하면서 그(녀)를 포기한다.
   ④ 짝 나누기를 하지 말고 다 같이 놀자고 한다.

3. 미팅은 끝나 가는데, 그(녀)는 아무래도 애프터를 신청하지 않을 것이다. 당신이라면 어떻게 할까? (　　　)
   ① 나중에 친구에게 압력을 넣어 한 번 더 만날 기회를 마련한다.
   ② 그(녀)에게 전화가 올 때까지 기다린다.
   ③ '인연이 아닌가 봐!' 하고 그냥 잊어버린다.
   ④ 당신이 먼저 그(녀)에게 전화를 건다.

4. 그(녀)와 데이트 도중 당신이 싫어하는 면을 보았다. 당신의 기분은? (　　　)
   ① 갑자기 정나미가 뚝 떨어진다. 다시는 안 만난다.

②'단점 없는 사람이 어딨어?' 하면서 상대방의 장점을 찾는다.
③'그럼 그렇지. 내 주제에 무슨.' 더 이상 데이트할 기분이 안 난다.
④ 다시 한 번 상대방을 만날 것인지 진지하게 생각해 본다.

5. 그(녀)에게서 며칠째 연락이 없다. 이때 당신이라면 어떻게 할까? (　　　)
①'이번에도 땡이구나.' 하고 포기한다.
② 전화를 걸어 '왜 전화 안 해요?'라고 말한다.
③ 전화가 안 오는 것이 신경 쓰인다.
④ 자존심이 상해 그(녀)에게 전화를 해 그만 만나자고 말한다.

※ **채점표**

문항 \ 번호	①	②	③	④
1	3	1	2	4
2	4	3	1	2
3	3	2	1	2
4	4	3	1	2
5	1	4	2	3
총합계 점수				

[테스트 2] 연애 중반전 당신의 연애 테크닉은? 무엇을 잘못했는지 모르지만 무엇에 화가 났는지 계속 쌀쌀맞게 구는 상대방. 이런 상황을 상상했을 때 당신이라면 어떻게 할까?

1. 무슨 일인지 모르지만 화가 난 것 같은 그(녀). 이유도 말하지 않으면서 쌀쌀맞게 군다. 당신이라면 어떻게 할까? (　　　)
①'도대체 왜 그래?' 하면서 당신도 함께 화를 낸다.
② 술을 마시자고 해서 자연스럽게 질문을 유도한다.
③ 상대방이 얘기를 할 때까지 계속 눈치만 본다.
④'자기, 화났어?' 하면서 무조건 상대의 비위를 맞춰 준다.

2. 상대방이 당신의 단점을 자꾸 들춘다. 당신이라면 어떻게 할까? (　　　)
①'기분 나빠, 그만해.' 하면서 화를 낸다.

② '너는 단점 없는 줄 알아?' 하면서 그의 나쁜 점을 들춘다.
③ 화를 참으며 그냥 듣고만 있는다.
④ 그가 지적한 단점들을 고치려 노력한다.

3. 상대방이 '이제 너와는 끝이야.'라고 말하곤 가 버렸다. 당신이라면 어떻게 할까? ( )
① '난 잘못한 거 없어.' 상대방이 전화할 때까지 기다린다.
② 어쨌든 상대방이 화가 났으니까 전화를 해 기분을 풀어 준다.
③ 그(녀)에게 전화가 오더라도 받지 않겠다.
④ 무조건 애교작전! 새로운 모습을 보여 준다.

4. 3일째 그(녀)에게서 전화가 없다. 당신이라면? ( )
① 그(녀)의 친구에게 전화를 걸어 그의 상태를 묻는다.
② 누가 이기나 해 보자 하고 당신도 끝까지 버틴다.
③ 전화를 걸어 일단 만나자고 한다.
④ 전화를 걸어 무조건 눈물 작전으로 나간다.

5. 드디어 그(녀)에게 전화가 왔다. 당신이라면 어떻게 반응할까? ( )
① 내가 잘못했어.
② 어쩜 그렇게 냉정할 수가 있어?
③ 보고 싶었어!
④ 전화는 왜 했어? 우리 헤어진 거 아니었어?

※ **채점표**

문항 \ 번호	①	②	③	④
1	2	3	1	4
2	3	2	1	4
3	1	2	4	3
4	4	1	3	2
5	2	4	3	1
총합계 점수				

테스트 1 + 2 = ( )점

※ 결과 해석

• A: 1~8점, 솔로탈출 지수 0%

아무 생각이 없는 '천하태평형'. 가슴에 손을 얹고 생각해 보자. 진짜 사랑을 하고 싶긴 한가? 이유야 어쨌든 당신은 전혀 이성을 사귈 생각조차 안 하고 있는 것 같다. 말로는 '외로워, 외로워'를 외쳐 댈지 몰라도 당신이 바라는 것은 솔로탈출이 아니다. 원인은 알 수 없지만 당신의 잠재의식은 이성을 만나는 것을 두려워하거나 거부하고 있다. 따라서 기회가 오면 놓치는 것이 아니라 일부러 잃어버리는 것이다. 시간이 없어서 못 만나는 것이 아니라 만남 자체를 스스로 막고 있는 것. 자신에게 솔직하게 물어보자. 진짜 나는 사랑을 원하는가? 만약 대답이 '예스'라면 좀 더 적극적인 마음가짐부터 가져 보자.

• B: 9~17점, 솔로탈출 지수 25%

대책도 없고 실천력이 부족한 '마음만 굴뚝형'. 늘 외롭다고 생각하고, 외롭다고 말하는 당신. 항상 멋진 로맨스, 첫눈에 뿅 가는 사랑을 바라지만 글쎄? 친구 결혼식이 있으면 '아! 혹시 괜찮은 사람이 없을까?' 새로 학원에 등록을 하면 '혹시 이번에는 괜찮은 사람이 있지 않을까?' 항상 부푼 꿈으로 시작할 것이다. 그러나 꿈만 꿀 뿐이다. 감 떨어지기를 기다리며 감나무 밑에 누워 있는 사람이나 마찬가지. 그래도 감나무까지 걸어간 정성은 가상하지만, 당신이 익기를 기다리는 동안 다른 사람이 냉큼 따 갈 것이다. 냉정하게 생각해 보자. 당신은 가만있어도 상대방이 와서 프로포즈를 할 정도로 매력적인 사람인가? 아니라면 좀 더 적극적인 실천력을 갖출 필요가 있다.

• C: 18~26점, 솔로탈출 지수 50%

테크닉 없이 마음만 급한 '막무가내형'. 몸과 마음의 자세는 완벽하다. 이성만 나타나 봐라. 오는 이성 안 막고, 가는 이성 절대 안 놓치지! 그러나 당신이 놓치고 있는 것이 있다. 다가갈수록 도망가고 싶고, 도망갈수록 잡고 싶은 것이 상대방의 심리. 게다가 접근하는 방식도 잘못되어 있다. 보이는 이성마다 군침 흘리는 것처럼 추한 모습도 없다. 아무리 마음이 순수하다고 할지라도 사랑을 하는 데는 테크닉이 필요하다. 사랑은 온갖 허물을 가려 주지만 낯설 때는 작은 실수도 크게 보이는 법이다. 이성과는 거리를 두는 습관을 들이자. 적당한 거리는 당신의 단점을 가려 주고, 이성의 호기심을 자극하게 만든다. 남자와 여자의 밀고 당기는 거리감각! 이것이 당신의 솔로탈출의 성공 포인트!

• D: 27~34점, 솔로탈출 지수 75%

머리 굴리다가 망하는 '잔머리형'. 겉으로 보면 도저히 연인이 없는 것이 이해가 안 간다. 특히 남의 연애 트러블의 조언은 끝내주게 해 주는 '연애박사' 스타일. 이성의 심리도 잘 알고 어떻게 해야 이성의 시선을 사로잡을 수 있는지도 정확하게 알고 있다. 단, 자신의 판단력을 지나치게 믿기 때문에 제대로 연애도 하기 전 사전 검열이 심한 것이 흠! 제정신으로 결혼하는 사람은 드물다고 할 정도로 사랑은 콩깍지가 씌어야 할 수 있다. 일단 연애에 뛰어들어 보자. 다 괜찮은데 걸리는 것이 한두 가지라면 마음을 여는 적극적인 자세가 필요하다. 또한 사랑은 계산만으로는 되지 않는다. 때로는 솔직하게 당신의 마음을 전할 필요가 있다. 당신이 먼저 마음을 열지 않으면 절대 사랑은 오지 않을 것이다.

• E: 35점 이상, 솔로탈출 지수 99% 초기

'공주(왕자)병형'. 잘난 척은 이제 그만! 이론과 실천력을 겸비한 연애 도사 스타일. 그래도 만약 당신에게 이성이 없다면 혹시 자신감이 지나쳐 공주(왕자)병 수준은 아닌지 체크해 보자. 사람은 미남(미인)에 약하긴 하지만 그것만으로 이성을 선택하는 사람은 드물다. 잘 만나다가도 그의 조그만 단점이라도 발견하면 즉시 마음이 식어 버리는 당신. 당신의 도도함에 기가 죽거나 운이 나빠서 돌아서는 사람들이 있다는 것도 알아야 한다. 사랑을 유지하려면 때로는 자존심을 죽여야 할 때도 있고, 그의 잘못을 알아도 슬쩍 눈감아 주는 아량도 있어야 한다. 늘 송곳 같고 톡톡 튀는 매력덩어리라면 상대방은 피곤하다. 그 매력을 조금만 낮추지 않으면 고고한 노처녀(노총각)가 되는 것은 시간문제일 것이다.

출처: 구글(www.google.co.kr).

3 성찰: 나의 대인관계 역량 강화 방법

영역	진단 결과	강화 방안
매력 DNA		
대인관계 형성 역량		
대인관계 유지 역량		
솔로탈출 역량		

제 2 장

대인관계의 의미와 유형

1 대인관계의 의미와 중요성

철학자 아리스토텔레스는 “인간은 사회적 동물이다.”라고 말했다. 이 말의 의미는 인간은 사회적 동물이기 때문에 나 이외의 타인들과 끊임없이 관계를 맺으며 살아가야 한다는 것이다. 본디 인간은 출생과 동시에 ‘가족’이라는 구성원들과의 관계를 통해 신체적, 정서적 영향을 주고받으며 성장하게 된다. 이후 수없이 많은 사람과 인간관계를 맺으며 살아가는 동안 이러한 인간관계를 맺지 않고는 그 누구도 존재할 수 없다.

한편, 인간(人間)이라는 글자를 자세히 살펴보면 사람[人]은 ‘사람과 사람의 사이’, 즉 사이(間)에서 비로소 인간(人間)다워진다는 것을 의미하고 있음을 알 수 있다. 여기서 사람 그 자체가 관계를 포함하고 있기 때문에 사람은 누구나 인간관계 없는 삶을 살아갈 수는 없다는 것의 중요성을 다시 한 번 내포하고 있다. 이것은 타인을 대하는 보편적인 태도에 따라 관계형성이 달라진다는 의미이기도 하다.

인간관계 또는 대인관계는 두 사람 또는 그 이상의 사람들 간의 만남 속에서 지속적인 상호작용을 통해 그 관계를 형성하는 구성원들 간에 상호지배를 받기도 하고, 또 때로는 상호의존적 요소를 내포하기도 한다(이형득, 1995). 여기에 따른 대인관계의 사전적 정의는 기본적으로 ‘나 자신과 타인 간의 상호작용으로 인해 일어나는 현상’ 또는 ‘둘 이상의 사람이 서로 다른 사람을 상대하는 것으로서 서로 관계를 맺거나 관련이 있다.’라고 나타나 있다. 즉, 인간관계는 광의적 개념으로 대인관계이고 협의적 의미로는 인간과 인간 사이에 존재하는 문제를 의미한다. 특히 심리학적 측면에서 대인관계의 의미는 몇 명 이상의 집단생활 속에 속한 구성원들 간의 심리적 상호관계를 의미한다. 가끔씩 인간관계와 대인관계를 동일한 의미로 사용하는 경우도 있지만 학술적인 용어에서는 구분하여 사용하고 있다. 이 두 가지를 서로 비교하여 보면 대인관계는 두 사람만의 관계에 중점을 둔다는 의미이며, 인간관계는 인간과 인간의 심리적인 관계를 의미하는 것으로 타인과의 상호작용 과정을 말한다(Ellenson & Amundson, 1982). 이 글에서는 인간관계와 대인관계를 같은 의미로 보기로 한다.

그렇다면 인간관계가 왜 중요한 걸까? 어린 시절 읽었던 이솝우화 중 '개미와 비둘기' 이야기를 떠올려 보자.

> 마을에 홍수가 나서 떠내려가는 개미에게 비둘기가 나뭇잎을 떨어뜨려 목숨을 건지게 한다. 이후 마을에 평화가 찾아와 행복한 시간을 보내던 어느 날, 사냥꾼이 나타나 비둘기를 총으로 쏴 죽이려 한다. 그때 개미가 사냥꾼의 다리를 깨물어 비둘기의 목숨을 살려 준다.

여기서 우리는 작은 힘이지만 누군가를 돕게 되면 언젠가는 그 사람의 도움을 받게 된다는 것을 알 수 있다. 즉, 혼자서는 살아갈 수 없으며, 서로 돕고 살아가는 세상에서 진정한 행복감을 느끼게 된다는 것이다. 그만큼 누군가와의 관계형성이 중요하다는 것이다. 키에르케고르는 행복의 90%는 인간관계에서 비롯된다고 하였다. 또한 미국 카네기멜론 대학교에서 무엇이 인간의 성공에 영향을 미치는가에 관해 조사한 결과, 대인관계 능력이 높은 사람이 지적 능력이나 재능을 가진 사람이 성공하는 확률보다 월등히 높은 85%라는 수치를 나타냈다. 이처럼 인지능력보다는 대인관계 능력이 높으면 출세와 성공에 많은 영향을 주는 것으로 나타났다.

모든 사람은 사람들과의 관계 속에서 살아가는 사회적 존재이며, 타인들이 자신을 어떤 시각으로 바라봐 주는지 또는 자신을 어떻게 대해 주는지에 따라 자신 스스로를 향한 주체 의식과 자존감이 형성된다. 그러나 때로는 타인들과의 갈등 속에서 상처를 받기도 하고 그러한 갈등을 경험하게 되면서 새로운 인간관계를 형성하기도 한다. 이러한 다양한 경험이 인간의 삶을 풍요

롭고 건강하게 만들어 주는 역할을 하기 때문에 그 무엇보다도 인간관계가 중요하다고 볼 수 있다. 이러한 인간관계는 누구나 살아가는 동안 타인들과의 끊임없는 만남과 이별로 인해 지속적으로 형성되고 이루어진다. 이와 같은 인간관계 속에서 대인관계란 '나'를 중심으로 '너'와 불가분의 관계를 맺는 것이므로 가장 기본적인 기준이 자기 자신인 것이다. 따라서 가장 기본인 '나'가 확실해야 한다. '수신제가치국평천하(修身齊家治國平天下)'라는 말이 있듯이 행복한 대인관계를 위해서는 무엇보다도 자기 스스로를 존중하는 마음이 가장 우선적으로 필요하다. 이어서 나 혼자가 아닌 우리라는 공동체의식을 가져야 한다. 이러한 과정은 우리의 삶의 질을 높여 주고 긍정적인 자아상과 자아개념을 형성하는 데 절대적인 역할을 한다(이재창, 1994). 또한 효과적이고 긍정적인 대인관계는 개인 상호 간의 생존과 성장을 돕고 건전한 인격발달을 통해 가정생활과 사회생활 분야에서 중요한 역할을 하게 한다.

활동

생각 나누기

1. 내가 생각하는 대인관계란 어떤 것인가?

2. 대인관계에서 가장 중요한 것은 무엇이라고 생각하는가?

3. 지금까지 살아오면서 인간관계로 힘들었던 상황이 있었는가?

4. 어떤 상황이었는가?

5. 어떤 방법으로 문제 해결을 하였는가?

6. 그 일을 계기로 무엇을 알게 되었는가?

2 대인관계의 유형

1) 일반적 대인관계 유형

다음은 일반적으로 구분되는 인간관계의 유형이다.

첫째, 일차적 인간관계와 이차적 인간관계로 나눌 수 있다. 일차적 인간관계는 혈연, 지연, 학연 등에 의해 형성되는 인간관계, 즉 부모, 형제자매, 친척 등의 관계가 이에 속한다. 이 관계는 자신의 의사에 상관없이 부여되는 인간관계 또는 운명적으로 부여된 인간관계로서 가입과 탈퇴가 자유롭지 못하며, 공식적이고 집단적인 관계 등으로 구성된 집단의 소속 집단원이다. 이차적 인간관계는 개인적인 매력, 직업적 이해관계, 가치의 공유에 의해 형성되는 인간관계로 본인의 의사에 따라 자유롭게 선택될 수 있는 인간관계이다. 이 관계에는 직장동료, 애인, 친구, 친목단체의 구성원 등이 속하며, 본인의 의사에 따라 자유롭게 선택될 수 있고, 가입, 탈퇴가 자유로우며 일시적이다.

둘째, 수직적 인간관계와 수평적 인간관계로 구분해 볼 수 있다. 수직적 인간관계는 상급자와 하급자 간의 불평등 관계를 말하며 나이, 촌수, 학번, 계급, 지위, 권한 등의 동등성 여부에 따라 나뉠 수 있다. 상급자에게는 하급자에 대한 지휘, 통솔, 명령, 보살핌의 역할이 하급자에게는 상급자에 대한 복종, 순응, 존경, 지지의 역할이 기대된다. 예를 들면, 부모-자녀관계, 스승-제자관계, 선배-후배관계, 상사-부하관계 등이 여기에 해당된다. 수평적 인간관계는 서로 동등한 위치에 있는 사람들 간의 평등한 관계를 말한다. 예를 들면, 교우관계, 연인관계, 부부관계 등이 여기에 해당된다.

셋째, 우호적 인간관계와 적대적 인간관계이다. 우호적 인간관계는 서로에 대해 호감을 갖고 도우며 공동의 목표를 향해 함께 일하는 협동적인 상호작용이 일어나는 인간관계이다. 이에 반해 적대적 인간관계는 서로를 적이나 경쟁상대로 인식하여 적대감정을 갖고 상대가 하는 일을 방해하거나 비협조적인 태도를 나타내는 인간관계이다.

넷째, 애정 중심적 인간관계와 업무 중심적 인간관계이다. 애정 중심적 인간관계는 상대방에 대한 매력이나 호감에 의해서 관계가 형성되며, 상대방과 사랑이나 우정을 주고받는 것이 관계 유지에 중요한 요인이며 목적이 된다. 사람 자체를 중요하게 여기는 인간관계이다. 업무 중심적 인간관계는 어떤 사람이든 상관없이 함께하는 작업이나 업무 때문에 관계가 형성되고 유지되는 인간관계이다. 상대방과의 상호작용을 통해 얻게 되는 이득과 성과가 주요한 목적이 된다.

다섯째, 공유적 인간관계와 교환적 인간관계이다. 사회심리학자인 클락(Clark, 1986)은 인간관계를 공유적 관계와 교환적 관계로 구분하여 분석하였다. 공유적 인간관계는 서로 관계를 맺고 있는 각자가 상대방의 행복과 불행에 각

활동

각 유형에 해당하는 사람 제시하기

자신의 인간관계 유형	자신의 대인관계 리스트
일차적 인간관계	
이차적 인간관계	
수직적 인간관계	
수평적 인간관계	
우호적 인간관계	
적대적 인간관계	
애정 중심적 인간관계	
업무 중심적 인간관계	
공유적 인간관계	
교환적 인간관계	

별한 관심과 책임감을 느끼며, 서로의 관계에서 주는 것만큼 받고, 받는 것만큼 되돌려 주어야 하는 '호혜성의 원칙'이 무시되고 초월되며, 상호 작용하는 두 사람이 우리는 하나라고 상호 의존적 존재로 인식한다. 이에 반해 교환적 인간관계는 자신의 행복을 타인에게 의존하지 않으며 타인의 행복에도 책임감을 느끼지 않는다. 서로가 자신이 필요한 것을 주고받는 교환적인 성격을 지니면서 여기서는 형평성의 원칙이 적용된다.

2) 나의 대인관계 유형 진단

(1) 일반적 대인관계 유형

일반적으로 대인관계 유형은 신념, 능동성, 친화력, 배려의 4가지 항목으로 이루어지며 원만한 대인관계를 유지하려면 다음과 같은 것이 필요하다 (양광모, 2017).

첫째, 인간관계의 중요성을 깨닫는 것이다.

둘째, 자신이 먼저 다가서야 한다.

셋째, 친화력을 갖추어야 한다.

넷째, 다른 사람들을 먼저 배려하는 것이 중요하다.

이러한 네 가지 요소를 골고루 갖추지 못하면 좋은 인간관계를 형성하기 어렵다.

다음은 대인관계 유형 체크리스트이다.

대인관계 유형 체크리스트

※다음을 읽고 자신에게 해당되는 점수를 적은 후 각각의 점수를 모두 합산하세요. (전혀 그렇지 않다=1, 그렇지 않다=2, 보통이다=3, 그렇다=4, 매우 그렇다=5)

A. 신념(1~5점) 나의 총점: (   )

1. 나는 혼자 지내는 것보다 다른 사람과 어울리는 것을 좋아한다. (   )
2. 나는 인간관계가 재능이나 실력보다 중요하다고 생각한다. (   )
3. 나는 좋은 인맥을 만들기 위해 열심히 찾아다녀야 한다고 생각한다. (   )
4. 내 휴대전화에는 다른 사람의 전화번호가 50개 이상 등록돼 있다. (   )
5. 나는 하루에 3회 이상 다른 사람이 보내 온 문자메시지를 받는다. (   )

B. 능동성(1~5점) 나의 총점: (   )

6. 나는 모임이나 행사에 자주 참석한다. (   )
7. 나는 새로 알게 된 사람들에게 메일이나 문자메시지를 먼저 보낸다. (   )
8. 나는 다른 사람에게 먼저 연락하여 약속을 정한다. (   )
9. 나는 한 달에 모임, 행사, 약속이 평균 3회 이상이다. (   )
10. 나는 한 달에 평균 3회 이상 애경사에 참석한다. (   )

C. 친화력(1~5점) 나의 총점: (   )

11. 나는 엘리베이터에서 낯선 사람을 만나면 먼저 인사를 건넨다. (   )
12. 나는 처음 만난 사람에게 '호감이 간다'는 말을 자주 듣는 편이다. (   )
13. 누군가를 처음 알게 되면 보통 상대방이 먼저 연락을 해 오는 편이다. (   )
14. 나는 다른 사람에게 차(식사, 술) 제안을 자주 받는 편이다. (   )
15. 나는 재미있는 유머나 최신가요 몇 개쯤은 외우고 다닌다. (   )

D. 배려(1~5점) 나의 총점: (   )

16. 나는 다른 사람들의 생일이나 애경사를 잘 챙겨 준다. (   )
17. 나는 주변 사람들의 일이나 업무를 자주 도와준다. (   )
18. 나는 다른 사람들의 고민을 상담해 주는 경우가 많다. (   )
19. 퇴근 무렵 술 생각이 나서 전화를 하면 만나 줄 수 있는 사람이 많다. (   )
20. 나에게 애경사가 생기면 함께해 줄 사람의 수가 300명이 넘는다. (   )

연구 결과, 대인관계가 우수한 사람들의 점수는 80~90점 사이에 형성되고, 직장인이나 일반 사람들의 경우 대부분 50~60점 사이에 해당되며, 고립적이거나 소극적인 성향의 사람들은 30점 이하의 점수를 나타낸다. 체크리스트를 작성해 보고 10가지 항목을 측정하여 자신의 점수가 만약 생각했던 기준보다 낮다면 80점 이상이 되도록 노력하고, 부족한 항목의 점수를 높이도록 노력하는 것도 인간관계 개선에 필요하다. 처음부터 완벽한 사람은 없으니까 말이다.

다음은 각 유형별 세부적인 특징이다.

- **고슴도치형**: 점수의 합계가 30점 이하인 사람은 고슴도치형에 해당된다. 고슴도치는 고립적이며 숨기를 좋아한다. 다른 사람과 대인관계를 맺는 것보다 자신만의 세계에서 머무는 것을 좋아하는 사람을 의미한다. 고슴도치형은 인간관계의 중요성을 먼저 깨닫는 것이 중요하다. 인생에서 성공과 행복을 좌우하는 것이 인간관계에 달려 있다는 사실을 명심해야 한다.
- **거미형**: 점수의 합계가 31~50점이면 거미형에 해당된다. 거미형은 가족 및 주변 사람들과의 친밀한 관계를 중요하게 생각하며 끈끈한 네트워크를 구축한다. 반면에 필요 이상으로 폭넓은 대인관계를 형성하는 것에 대해서는 소극적인 생각과 행동을 취하는 사람이다. 거미형은 대인관계를 보다 적극적이고 능동적으로 노력할 필요가 있다. 일부의 사람과만 관계를 맺거나 상대방이 연락하기만을 기다리지 말고, 내가 먼저 다양한 사람에게 연락을 취하고 다가서는 노력이 중요하다. 대인관계를 잘하려면 쇼맨십이 필요하다. 쇼맨십은 다른 사람들(관중)을 즐겁게 해 주려는 마음가짐을 의미한다.
- **꿀벌형**: 점수의 합계가 51~80점이면 꿀벌형에 해당된다. 꿀벌은 공동체생활을 한다. 꿀벌이 꿀 1kg을 만들기 위해서는 총 16만km를 비행하

며 1천만 송이의 꽃을 들락거려야 한다. 꿀벌형은 많은 사람과 폭넓은 인간관계를 형성하며 강한 친화력을 가지고 있어 다른 사람들과 쉽게 친해질 수 있다. 반면에 꿀벌은 이웃벌집을 습격하여 꿀을 약탈하는 습성도 가지고 있으므로 이 유형의 사람들은 다른 사람을 대할 때 계산적이고 실리적인 대인관계가 되지 않도록 조심해야 한다.

- 사슴형: 점수의 합계가 81점이 넘으면 사슴형에 해당된다. 사슴은 집단을 이루며 단체생활을 한다. 사슴은 먹이를 발견하면 울음소리를 내어 무리를 불러 모아 함께 먹는다. 사슴형은 대인관계를 할 때 다른 사람을 먼저 배려하며 호의와 후원을 베푸는 사람들이다.

나의 대인관계 유형이 어떤 유형에 속하는지 생각해 보고 좋은 인연이나 좋은 관계를 만들기 위해 노력해 보자. 가장 먼저 가족과 학교, 직장에서 실천하면 된다. 다른 사람을 소중하게 생각하고, 내가 먼저 마음의 문을 열고, 내가 먼저 배려하는 사람이 되라. 하늘의 축복이 주어질 것이다.

활동

나는 어떤 유형인가요?

나의 점수는?	
나의 유형은?	
나의 생각은?	

(2) 키슬러의 대인관계 유형

미국의 심리학자 도널드 키슬러(Donald J. Kiesler)는 자신에 대한 개념과 세상 사람들에 대한 관념이 대인관계적인 태도에 영향을 미치고 그것은 일정한 대인관계 양식으로 굳어진다고 한다. 키슬러에 따르면 대부분의 사람은 자기만의 독특한 성격이나 대인관계 유형이 있고 그런 특성은 일관되게 지속된다고 한다. 키슬러는 대인관계 유형을 힘의 차원(지배–복종의 차원)과 친밀성의 차원(친화–냉담의 차원)으로 나누어 총 8가지로 구분했다.

① 지배형

이 유형은 대인관계에서 자신감이 높고 자기주장이 강하고 타인에게 영향력을 행사하는 경향이 있다. 특히 지도력과 추진력이 있어서 리더의 역할을 잘할 수 있다. 그러나 너무 지나치게 과도하면 강압적이고 독단적일 수 있으며 타인과 잦은 마찰을 겪을 수 있다. 만약 지배형에 해당한다면 되도록 자신의 의사를 먼저 관철하기보다는 타인의 의견을 경청하고 수용하는 자세를 갖도록 해야 한다.

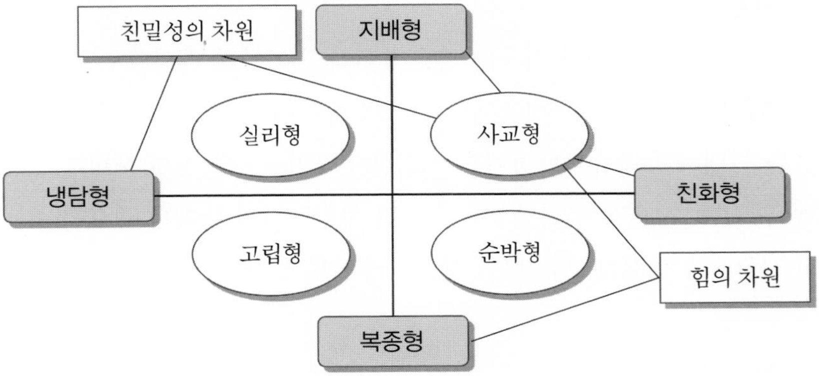

그림 2-1 키슬러의 대인관계 양식

출처: 권석만(2004).

② **실리형**

이 유형은 이해관계에서 매우 민감하고 목표 지향적이며 성취 지향적이다. 이런 성향이 강하면 타인에 대한 배려가 부족해 보이고 자기중심적이고 경쟁적으로 보이기도 한다. 특히 자신의 이익을 우선시하기 때문에 타인에 대한 관심과 배려가 부족할 수 있다. 유독 타인을 신뢰하지 못하고 자신을 둘러싼 불공평한 점에 매우 민감하며 자신에게 피해를 입힌 사람에게 보복하려는 경향이 있다. 만약 실리형에 해당된다면 대인관계에서 배려하며 신뢰를 쌓도록 해야 한다.

③ **냉담형**

이 유형은 이성적이고 때로는 냉철하지만 의지력이 강해서 타인과 거리를 두려는 경향성이 있다. 이런 유형은 타인의 감정에 무관심하여 상처를 주기 쉽고 감정을 쉽게 표현하지 못하여 오랜 기간 깊이 있게 사귀지 못하는 경향이 있다. 만약 냉담형에 해당한다면 긍정적이고 타인의 감정에 깊은 관심을 갖고 부드럽게 표현하는 기술을 습득하도록 해야 한다.

④ **고립형**

말 그대로 혼자 있거나 일하는 것을 좋아하며 쉽사리 자신의 감정을 잘 드러내지 않는다. 유난히 타인을 두려워하여 사람이 많은 곳을 피하고, 자신의 감정을 억제하고 우유부단하다는 소리를 듣기도 하며, 자칫 사회적으로 고립될 수 있다. 고립형에 해당한다면 주변 사람들과의 관계의 중요성을 인식하고 사람들과 관계를 맺는 데 노력을 기울이도록 해야 한다.

⑤ **복종형**

이 유형은 수동적이고 의존적이라 타인의 의견을 잘 따르고 순종한다. 그러나 자신감이 없고 자기 주관이 없으며 자신이 원하는 바를 잘 전달하지 못한다. 이런 성향이 강하면 리더의 위치에서 통솔하며 일하는 것을 부담스러워한다. 복종형에 해당한다면 적극적인 자기표현력이나 자기주장 능력을 키우도록 노력해야 한다.

⑥ 순박형

이 유형은 매우 단순하고 솔직하며 너그럽고 겸손한 편이다. 그러나 이런 성향이 강하면 주변 사람들에게 쉽게 설득을 당하거나 끌려다닐 우려가 있으며 잘 속거나 이용을 당할 수 있다. 그리고 화가 나도 제대로 표현하지 못하며, 자기존중감도 낮다. 순박형에 해당한다면 타인의 의도를 잘 파악하고 신중한 습관을 갖는 것과 함께 무엇보다 자신의 의견을 솔직하게 표현하고 주장할 수 있도록 해야 한다.

⑦ 친화형

이 유형은 마음씨가 따뜻하고 인정이 많으며 타인을 잘 배려하고 자기희생적인 경향성을 보인다. 남의 요구를 거절하지 못하고 희생하여 도와주는 경향이 있어 자신의 이익을 지키지 못한다. 남의 일에 간섭을 많이 하고 타인을 즐겁게 해 주려고 지나치게 노력하며, 타인의 고통과 불행을 보면 도와주려고 발 벗고 나서는 경향이 있다. 그러나 너무 많은 것을 희생하고 퍼주다 보면 돌아오는 것은 없다. 그러므로 친화형에 해당한다면 타인과의 정서적 거리를 유지하는 것이 필요하다. 타인의 이익만큼 자신의 이익도 중요하다는 사실을 명확하게 인식하도록 해야 한다.

⑧ 사교형

이 유형은 외향적이고 쾌활하며 타인과 대화하기를 좋아하고 인정받으려는 욕구가 강하다. 여러 사람이 함께 하는 것을 좋아하여 타인의 시선을 끄는 행동을 많이 하거나 대화하는 것을 좋아한다. 사교형에 해당한다면 때로는 이성적이고 독립적인 성향을 추구하여 자기 자신에게도 좀 더 많은 관심을 지니도록 해야 한다.

다음의 검사표를 통해 자신의 대인관계 유형을 알아보자. 먼저 각 유형별 문항에 대한 응답을 채점지 칸에 합산한다. 그리고 대인관계 유형표에 자신의 점수를 ○표로 표시하고 점수들을 연결하여 팔각형을 그린다. 그림을 다 그린 후 팔각형의 모양이 중심으로부터 특정 방향으로 기울어진 형태일수록 그 방향의 대인관계 양식이 강하다고 해석된다. 이 결과는 자신의 대인관계에 대하여 주관적으로 지각한 것일 뿐이므로 고정관념을 갖지 않도록 유의해야 한다.

키슬러의 대인관계 양식 검사

※ 자기의 성격이나 대인관계를 잘 나타내는 정도에 맞추어 적절한 숫자에 ○표를 하세요.

전혀 그렇지 않다	약간 그렇다	상당히 그렇다	매우 그렇다
1	2	3	4

번호	문항	1	2	3	4	번호	문항	1	2	3	4
1	자신감이 있다.					21	온순하다.				
2	꾀가 많다.					22	단순하다.				
3	강인하다.					23	관대하다.				
4	쾌활하지 않다.					24	열성적이다.				
5	마음이 약하다.					25	지배적이다.				
6	다툼을 피한다.					26	치밀하다.				
7	인정이 많다.					27	무뚝뚝하다.				
8	명랑하다.					28	고립되어 있다.				
9	추진력이 있다.					29	조심성이 많다.				
10	자기자랑을 잘한다.					30	겸손하다.				
11	냉철하다.					31	부드럽다.				
12	붙임성이 없다.					32	사교적이다.				
13	수줍음이 있다.					33	자기주장이 강하다.				
14	고분고분하다.					34	계산적이다.				
15	다정다감하다.					35	따뜻함이 부족하다.				
16	붙임성이 있다.					36	재치가 부족하다.				
17	고집이 세다.					37	추진력이 부족하다.				
18	자존심이 강하다.					38	솔직하다.				
19	독하다.					39	친절하다.				
20	비사교적이다.					40	활달하다.				

※ 키슬러의 대인관계 양식 설문 채점지

성 명: ______________________ 소 속: ______________________

이메일: ______________________ 성 별: ______________________

번호	점수	번호	점수	번호	점수	번호	점수	번호	점수	번호	점수	번호	점수	번호	점수
1		2		3		4		5		6		7		8	
9		10		11		12		13		14		15		16	
17		18		19		20		21		22		23		24	
25		26		27		28		29		30		31		32	
33		34		35		36		37		38		39		40	
지배형 ______점		실리형 ______점		냉담형 ______점		고립형 ______점		복종형 ______점		순박형 ______점		친화형 ______점		사교형 ______점	

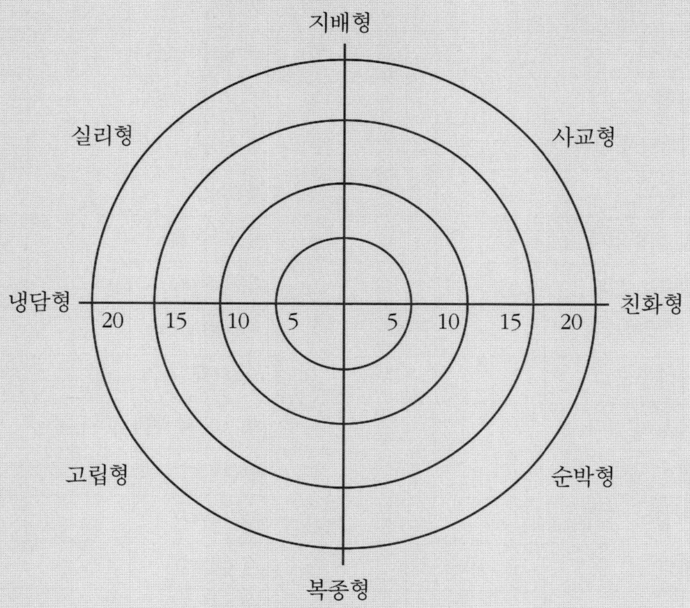

대인관계 유형표

출처: 도형분석상담연구소 카페. http://cafe.daum.net/doulos12

앞의 40개 문항에서 지배형(1, 9, 17, 25, 33번), 실리형(2, 10, 18, 26, 34번), 냉담형(3, 11, 19, 27, 35번), 고립형(4, 12, 20, 28, 36번), 복종형(5, 13, 21, 29, 37번), 순박형(6, 14, 22, 30, 38번), 친화형(7, 15, 23, 31, 39번), 사교형(8, 16, 24, 32, 40번)의 8개 유형으로 구분된다.

각각 5개 문항의 점수를 모두 합산하면 유형별 점수가 나타나며 각 유형의 점수는 5~20점이다. 이렇게 합산한 유형별 점수를 '대인관계 유형표'의 해당 위치에 점으로 표시하고 이 8개의 점을 모두 연결하면 팔각형의 모양이 나타난다. 이 팔각형 그림에서 가장 점수가 높고 두드러진 부분이 자신의 대인관계 유형에 해당한다. 그러나 대인관계 유형은 한 가지 특성만 강하게 나타난다기보다는 몇 가지 유형이 동시에 나타나는 경향이 있기 때문에 이 점을 명심해야 한다. 그림의 유형에 따라 다양한 모습을 나타내기도 한다. 지배형에 속하면서도 실리형 또는 냉담형의 특성을 지닐 수도 있지만 그와 반대로 복종형에 속하면서도 순박형이나 친화형에 해당하는 특성을 나타내기도 한다. 따라서 자신의 성격은 어떤 요소를 강하게 나타내는지를 살펴보는 참고 자료로만 이해해야 한다.

수많은 사람이 서로 다른 가치관과 사고방식 등을 조율하며 살아가기란 쉽지 않다. 그러나 그동안의 연구들을 살펴보면 인간은 태어나면서부터 전 생애에 걸쳐 다른 사람과의 관계 속에서 살아가야 하기 때문에 대인관계가 차지하는 비중이 매우 큰 것이다. 이러한 대인관계가 적응적이고 만족스러울수록 개인의 삶 또한 기능적이고 만족스럽게 된다고 한다.

활동

나는 어떤 유형인가요?

나의 점수는?	
나의 유형은?	
나의 생각은?	

제 3 장

끌림과 설렘, 울림과 어울림의 대인관계 단계

1 1단계. 끌림의 법칙: 끌리게 하라

노벨 경제학상 수상자인 대니얼 카너먼(Daniel Kahneman) 교수는 사람의 성공 여부를 좌우하는 것은 능력도, 운도, 성실한 자세도 아닌 호감, 즉 '끌림 또는 매력에 있다'라고 하였다. 이 말은 사람들에게는 매력적이고 잘생긴 사람이 성격도 좋고 바람직한 행동 특성을 보인다고 생각하는 '매력 고정관념'이 있다는 것이다. 그렇다면 과연 이 말에 대해 긍정적으로 생각할 과학적 근거는 있을까? 그리고 그러한 과학적 근거가 존재한다면 이러한 끌림(매력)이라는 것을 어떻게 만들 수 있으며, 만약 매력지수가 낮은 사람이라면 매력지수를 끌어올릴 방법은 과연 있을까?

몇 년 전 SBS에서 이러한 인간의 매력에 관해 방영된 프로그램이 있었다. 프로그램의 내용은 인간이 지닌 '매력 DNA'에 관한 것이었다. 내용의 일부를 요약하자면 다음과 같다. 버락 오바마, 오프라 윈프리, 거스 히딩크, 힐러리 클린턴 등 우리가 익히 알고 있는 이 네 사람들의 공통점은 무엇일까?

첫째, 바로 이 네 사람은 남들과 다른 그들만의 매력을 풍기는 일명 '매력 DNA'를 갖고 있는 사람들이었다.

둘째, 매력 DNA가 풍부하면서 성공한 리더들은 '두 얼굴의 법칙'을 쓰는 경향성이 있었다.

출처: SBS 스페셜 제작팀, 이은아, 이시안(2010).

1) 매력 DNA

철학자 니체는 "젊은 시절, 자신이 가야 할 방향을 잘 파악하고 그것에 전념하면 훨씬 현명하고 멋지게 자신의 인생을 살아갈 수 있다"고 강조하였다. 니체가 여기서 말하는 "자신이 관계할 방향, 충실한 자신의 인생"이란, 결국 자신만의 매력 세포를 발견하는 것으로부터 시작된다는 것에서도 그 사람만의 매력이, 즉 각자만의 '매력'이 중요하다는 것을 알 수 있다. 성공한 리더들의 공통점은 그들만의 매력이 넘치는 사람이며 그들만의 탁월한 리더십과 그것들이 자연스럽게 어우러지면서 더욱 많은 사람의 사랑을 받게 되었다는 것이다.

한편, 남녀가 끌리는 데에는 각기 다른 이유가 있지만 이성과의 끌림에서 가장 중요한 것은 무엇일까? 여러 연구를 통해 나타난 사실은 다음과 같다. 먼저 남자는 '외모', 여자는 '성격'을 꼽았으며 여성들의 끌림에 대한 기준은 남성보다 좀 더 다양하게 나타났다. 그러나 남녀 모두 공감하는 이성의 매력 포인트로는 '끌리는 성격'이라고 응답하였다. 35%가 외모와 재력(돈)을 따지고 나머지 65%는 남자의 지적 매력과 성격적인 부분에 끌린다는 점이다. 즉, 3명 중 2명은 남자의 성격적 측면에 끌림이 일어난다는 것을 의미하지만 그래도 역시 내면의 아름다움을 간직한 사람에게 진정으로 끌리는 것이 아닐까?

여러분은 여러분만의 '매력 DNA'를 지니고 있는지에 관해 살펴볼 필요가 있다. 그리고 어떻게 하면 자신만의 매력적인 끌림으로 성공적인 대인관계를 만들어 가야 할 것인지에 관해 고민해 보아야 한다.

2) 두 얼굴의 법칙

두 얼굴의 법칙을 간단히 요약하자면 다음과 같다. 자신의 일에는 철두철미하리만큼 열정적으로 임하되 인간적인 관계에서는 다소 유머러스한 반전 매력을 표현할 줄 아는 사람이 되라는 의미이다. 앞에서 언급된 사람들의 공통적인 매력은 '이 사람에게도 이런 면이?'라는 면이 많다는 점이다. 많은 사람은 대부분 자신의 일에 철두철미하고 똑 부러지는 이 사람들이 뜬금없이 '유머감각'을 드러내면 그가 지닌 인간미에 반하고 호감을 느낀다. 흔히 주변 사람들과 친해지게 되는 경우는 예의 바르고 다가서기 힘들다는 느낌을 받을 때보다 약간 망가지는 모습을 보일 때다. 물론 의도한 느낌 없이 자연스러워야 할 때 가능하다. 그중 특히 오바마의 경우에는 대중들 앞에서 사용하는 '몸짓언어'가 탁월하기 때문에 많은 사람이 더욱 매력적으로 느낀다. 그리고 이들은 사회지능(SQ) 또한 탁월하다.

따라서 누군가에게 매력적으로 끌리는 존재가 되고 싶다면 가장 먼저 자신이 누구인지 파악하고 자신만의 매력을 발견하라는 것이다. 그러기 위해서는 다음과 같은 두 가지를 명심하라.

첫째, 자신의 일에는 철두철미하고 타인을 배려하라.

둘째, 인간적인 관계에서는 다소 유머러스한 반전의 매력을 표현하라.

앞서 나온 인물 이외에도 주변에서 가끔씩 매력적인 사람 또는 많은 사람 사이에서 유난히 사람들에게 호감을 주는 사람을 본 적 있을 것이다. 여기에서 우리는 '끌림의 법칙'에 관해 파악해 볼 필요가 있다. 끌림이라는 것, 누군가에게 끌린다는 것, 이것이 바로 그 사람만의 매력이 작용하는 것이다. 타인과 구별되는 자신만의 매력적인 끌림을 주는 사람은 '끌림의 법칙'이 작용하기 때문이다. 이 끌림의 법칙은 첫 만남을 시작으로 끌림, 설렘, 울림의 지속적 관계 형성 그리고 어울림의 관계 순으로 이어진다. 다시 말하면 진정한 자신만의 매력세포를 발견한 사람에게는 첫 만남에서 '끌림'이 일어나고, 그 끌림은 '설렘'으로 작용하게 되며, 설렘은 다시 '울림'이 되어 타인들과의 관계에서 지속적 관계 형성을 통한 어울림이 형성된다는 것이 바로 '끌림의 법칙'인 것이다. 그리고 이후의 만남에서 사랑으로 이어지거나 이별로 이어지게 된다. 물론 동성이나 이성 대부분에게 이 법칙은 작용하게 된다.

끌림의 법칙

① 가장 먼저 자신이 어떤 사람인지를 탐색하라.
② 나만의 매력을 발산하라.
③ 두 얼굴의 법칙이란?

끌림의 법칙에 관한 속성

자신만의 매력세포를 가진 사람(끌림) → 설렘 작용 → 타인들과의 관계 지속(울림) → 어울림 형성 → 지속적 만남

활동

자신이 생각하는 끌림의 의미와 법칙 생각해 보기

끌림의 의미	
끌림의 법칙	

3) 끌림의 의미

끌림(attraction)의 사전적 의미는 '사람들을 끌어당기는 정신적이거나 정서적인 영향력'이라고 되어 있다. 끌림은 사회심리학적 견지에서 보면 '사람을 모아 관계를 맺게 하는 힘'을 말한다. 그러나 다른 한편으로는 성 지향성과 로맨틱 지향성 등의 경험을 설명하기 위해 이 개념을 사용하기도 한다. 이것을 굳이 '끌림'으로 번역하는 이유는 한 사람이 누군가에게 다가가고 어떤 관계를 맺거나 행동을 하게 하는 '끌어당기는 힘'으로서의 역할을 하기 때문이다. 이는 마치 자석의 끌어당김과 같은 과학적 힘과도 흡사하다.

주변에서 흔히 호감을 주는 사람들은 잘생겼거나, 사교적이거나, 남다른 재능이 있다고 한다. UCLA에서 실시한 호감에 관련된 조사를 보면 참가자들은 호감에 관련된 500개가 넘는 형용사에 각각 점수를 매겼다. 놀랍게도 진심, 투명함, (타인을) 이해하는 능력 등이 중요하다는 결과를 나타내었다. 이것은 정서지능(EQ)의 사회적인 면이 중요한 작용을 한다는 점을 나타내는 것이기도 하며, 반대로 호감을 주는 중요한 관점에서 보면, 사교성, 지성, 매력(타고난 특징들)과는 관계가 없다는 것이다. 정서지능 연구업체 Talent Smart의 연구 조사에 따르면 이런 역량을 가진 사람들은 아주 큰 호감을 줄 뿐만 아니라, 그렇지 않은 사람들에 비해 훨씬 더 나은 성과를 냈다. 하지만 사실 호감이라는 것은 자신이 통제할 수 있는 것이고, 정서지능에 달린 문제라는 것을 한 번 더 일깨워 준 실험이었다.

4) 이성 간의 끌림

가끔씩 주변에서 누군가와의 만남을 한 후 그 사람이 어땠느냐는 물음에 "좋은 사람 같은데 끌리지는 않네." 또는 "느낌이 안 와서."라는 대답을 들은 적이 있을 것이다. 그렇다면 여기서 말하는 '끌리지 않는다'와 '느낌이 없다'

라는 이 말의 의미는 과연 무엇일까? 연구조사 결과 이러한 물음에 남성과 여성의 대답 속 의미는 전혀 다른 뜻을 내포하고 있는 것으로 나타났다. 여성들은 대부분 '이성적으로 느낌이 전해지지 않는다'라는 의미의 답변인 반면, 남성들은 '자신과 맞지 않는다'라는 의미의 대답이 가장 많다는 것이다. 남성과 여성의 이 미묘한 뉘앙스의 차이를 잘 살펴보아야 한다. 여성이 말하는 끌림이 상대방의 남성적인 매력에 대한 감정이라면, 남성이 말하는 끌림은 여성을 향한 보다 상대적인 감정이라는 의미이다. 남녀 간의 끌림을 넘어서서 지속적인 대인관계를 유지하려면 이러한 미묘한 차이도 이해할 필요가 있다. 한편, 누군가에게 첫눈에 반하거나 왠지 모르는 끌림이 있다고 하더라도 지속적인 관계형성이 없다면 그 만남은 지속되지 않는다. 이러한 이성 간의 끌림에도 다음의 네 가지 유형이 있다.

(1) 성적 끌림(sexual attraction)

말 그대로 상대와 성적 접촉을 하고자 하는 끌림을 의미한다. 물론 한 개인이 자신의 신체적 특성을 바탕으로 타인을 성적으로 끌어당기는 효과의 정도를 성적 매력이라고 부르며, 이것은 성적인 반응을 야기하는 신체적 특성으로서 일차적 성적 끌림에 영향을 준다. 간혹 심리적, 유전적, 문화적 요소와 같이 즉각적으로 전달되지 않는 특성도 성적 끌림을 불러올 수 있다. 이러한 성적 끌림에는 신체적 특성에 따른 외모, 동작, 체취, 옷차림이나 그 외에 다른 것들을 포함하기도 한다. 이차적 성적 끌림은 상대방과의 관계와 정서적 유대감을 기반으로 시간이 지나면서 생겨나는 끌림으로 누군가에게 향하는 '리비도(libido)'를 지칭하기도 한다.

(2) 로맨틱 끌림(romantic attraction)

이 끌림은 상대방과 로맨틱한 관계를 맺고자 하는 끌림으로서 흔히 '낭만적 끌림'이라고 한다. 이러한 로맨틱 끌림은 끌리는 상대와 로맨틱한 관계를 형성하고 싶다는 욕구를 말한다. 로맨틱 끌림의 특징은 다른 사람과의 관계와 정서적 유대감을 기반으로 시간이 지나면서 점점 크기가 커지는 끌림이다.

(3) 감각적 끌림(sensual attraction)

상대와의 감각적 행위를 통해 쾌감을 얻고자 하는 끌림으로서 '감각적 끌림'으로 번역되며 끌리는 상대와 관능적 행위를 하고 싶은 욕구를 의미한다. sensual의 어원이 sense(감각)이기 때문에 sensual attraction이 인간의 오감에서 비롯된다. 흔히 관능(sensuality)은 감각에 관련된 쾌락이다. 입맞춤, 포옹, 손잡기 등의 행위는 그 목적이 애정표현에서 성적 흥분을 위한 것까지 다양하기 때문에 어떤 행위가 관능적인지 성적인지는 당사자만이 구분할 수 있다.

(4) 미적 끌림(aesthetic attraction)

미적 끌림은 상대방의 아름다움을 단순히 감상하려는 끌림을 의미한다. 이 미적 끌림은 관능적 끌림의 하위 항목으로 분류할 수도 있다.

한편, 남녀연애에 있어 이 '끌림'이라는 감정의 실체는 과연 무엇일까? 결혼정보업체 '듀오'를 통해 설문조사를 실시한 결과, 놀랍게도 남녀가 조금은 다른 의미로 이 '끌림'이라는 표현을 쓰고 있다는 사실을 알게 되었다. 즉, 우리에게 보이는 외모와 끌림의 상관관계는 더욱 흥미롭다. 예를 들어, 연예인 중에서 끌리는 이성에 대해 물었을 때 남성은 가장 예쁜 여성으로 이민정, 반면 가장 끌리는 여성으로 신민아를 꼽았다. 이 결과는 외모에서는 6위였던 신민아가 끌리는 여성으로는 1위라는 것이다. 이러한 결과를 보면 남성들에게 외모의 순위와 끌림의 순위는 다르다는 것을 알 수 있다. 그러나 이와 반대로 같은 질문에 대한 여성들의 답으로는, 외모도 끌림도 모두 손예진을 1위로 꼽았다. 여성들은 남성들에 비해 '예쁜 여자=끌리는 여자'라는 생각을 가지고 있는 것이다. 이러한 결과를 통해 남성보다 여성들이 외모에 대한 호감과 끌림의 감정을 동일하게 느끼는 것을 알 수 있다. 그러나 남자 연예인에 대한 답변은 외모도 끌림 지수도 모두 현빈이 1위였다. 반면, 남자들은 외모는 원빈, 끌림은 송중기가 최고라고 답하였다. 역시 끌리는 이성이 되기 위해서 남자는 당장 뱃살이라도 빼면 되고 몸짱으로 거듭나면 조금의 희망이라도 있을 것이고, 여자는 그저 예쁘기만 해서는 안 된다는 결론이다. 물론 선호되는 연예인들의 타입도 시대별로 달라지겠지만 말이다. 결론적으로 끌림이란 감정의 실체는 남성과 여성의 성별에 따라서 다른 면을 보이고, 남자와 여자는 끌리는 대상에 대한 생각의 차이가 있었으며, 남녀의 끌림에 관한 감정표현 또한 다르다는 것이다.

인간의 인연, 즉 만남과 이별 또는 사랑에 관한 연구들을 보면 누군가와 인연을 만들어 간다는 것은 그냥 우연이 아니고 '각자의 호르몬이 끌어당기는 사람'을 만난다는 것이다. 그러나 여러 연구에 의하면 호르몬이 끌어당긴다고 해서 같은 호르몬끼리 끌어당긴다는 말은 아니며, 각자 '서로에게 맞는 호르몬'을 끌어당긴다는 것이다. 그리고 이러한 호르몬의 끌림에 의해서 만난 사랑은 오랫동안 이별 없이 사랑할 수 있다고 한다.

이와 연관하여 지난 2011년에 방영된 EBS 다큐프라임 〈남과 여〉 제1부 '끌림, 무의식의 유혹' 편에서 남자와 여자의 행동 패턴을 집중 분석하기 위해 10명의 미혼남녀를 선정해 '남녀의 끌림'에 관해 2차에 걸친 실험을 하였다. 실험 참가자들에게 1차 때는 같은 조건과 환경 속에서 10초 동안 그 사람의 외모만을 보고 평가하게 하고, 2차 때는 한 팀당 10분씩 대화를 나눈 뒤 평가를 하게 했다. 그 결과, 두 가지 놀라운 사실이 발견되었다. 첫 번째 실험 결과 이성에게 매력 있게 보일 것이라고 생각되는 사람과 실제로 이성들이 매력 있다고 생각하는 사람과는 차이가 있음이 나타났다. 이들에게서 나타난 현상은 1차 때는 외모만을 보고 뽑힌 사람과 2차 때 대화를 나눈 뒤 뽑힌 사람이 각각 다르다는 것이다. 한편, 실험에서 가장 인기 있는 사람은 단연코 상대방을 존중해 주고, 호응을 잘해 주는 사람이 선택되었다는 점이다. 두 번째 실험에서는 냄새만으로 자기와 맞는 짝을 찾을 수 있는지에 관한 실험이었다. 실험을 위해서 다음과 같은 순서를 거쳤다. 우선 그 사람의 체취가 밴 T셔츠 실험을 통해 짝을 정하기 위해 먼저 항균 처리된 T셔츠를 나누어 준 후, 이틀 동안 향수와 비누를 전혀 사용하지 않은 채 생활하도록 했다. 참가자 모두 T셔츠에 그 사람만의 체취가 듬뿍 배어 나오게 하고자 땀을 흘린 T셔츠를 환기가 잘되는 방 안에 나누어서 걸어 놓았다. 그다음 실험 대상자를 남녀로 나누어서 눈을 가리고, 방안을 돌게 한 후 좋은 향이 어느 쪽인지를 지목하게 하였다. 그 결과 대부분 이성의 땀 흘린 T셔츠가 있는 방을 지목했다. 이 실험은 사람이나 동물은 본능적으로 상대방이 자신과 비슷한 유전형질을 가지고 있는지 알 수 있다는 결과를 보여 주었다.

한편, 진화심리학의 관점으로 우리가 이성에 끌리는 이유를 설명하기도 한다.

첫째, 유전적 이유이다. 진화심리학자들은 석기시대까지 수백만 년 동안 이뤄진 진화를 통해 인간 행동의 근본을 찾고자 노력하였다. 그 결과 석기시대 이후 지금까지의 역사는 인간의 유전자가 진화하기에는 너무 짧아 인간의 본성에는 아직 석기시대의 생활양식이 남아 있다고 밝혀냈다. 따라서 진화심리학자들은 석기시대부터 체화된 생활양식이 남성이나 여성이라면 갖고 있는 본성을 형성하는 근간이라고 본다. 이들은 이 근간의 한 원인을 성 선택과 양육투자에서 찾고 있다. 많은 연구에 의하면 여성들은 무의식적으로 자식을 낳고 잘 키울 수 있도록 원활하게 자원을 가져다줄 남성을 원한다. 이런 남성을 찾아내기 위해 여성은 남성의 신체에서 힌트를 얻게 된다. 그중에는 남성의 얼굴 모양이 있다. 여성이 선호하는 얼굴로 턱이 발달하고 선이 굵은 남성다운 얼굴이 있는데, 남자다운 얼굴은 성공의 특징과 관련돼 있다. 테스토스테론의 영향을 많이 받은 남자는 더 높은 성취욕을 지니고 적극성을 갖기 때문에 사회적으로 더 높은 지위를 차지할 확률이 크다. 하지만 모든 여성이 남자다운 얼굴을 선호하지는 않는데, 이것은 여성이 파트너를 선택할 때 좋은 짝과 좋은 아버지 사이에서 타협하는 것으로 설명할 수 있다. 여성적인 얼굴의 남자일수록 더 다정하고 상냥한 아버지가 될 것이라고 생각하기 때문이다.

둘째, 상보성이다. 흔히 사람들은 사랑을 통해 자신의 잃었던 것을 찾고자 한다. 이것을 상보성이라고 하는데 이 상보성 때문에 이성에 끌리는 것이다. 하지만 이때의 상보성은 '자기와 상반되는 사람에게 끌린다'는 단순한 의미가 아니라 '서로 중요한 욕구를 만족시켜 준다'는 좀 더 깊은 의미의 상보성이다.

한편, 오류로써 생기는 끌림도 있다. '사랑의 흔들다리 효과'에 관해 들어본 적 있는가? 사랑의 흔들다리 효과란 높이 있는 다리 위에서 느끼는 공포심을 사랑의 설렘으로 오해하여 그 사람에게 호감을 갖게 되는 효과를 말한다. 그리고 놀라운 사실은 흔들리는 다리 위에서 만난 이성에 대한 호감도는 안정된 다리 위에서 만났을 때 보다 더 상승한다는 것이다. 이러한 현상을 심리학적 용어로는 '귀인오류'라고 부르기도 한다. 이에 관한 실험으로는 1974년 컬럼비아 대학교의 아서 아론(Arthur Aron)과 도널드 더튼(Donald Dutton) 박사가 한 실험이 있다. 간단히 요약하면 다음과 같다.

그림 3-1 흔들다리 효과(suspension effect)

출처: 일러스트레이터 장명진.

이 실험은 캐나다 밴쿠버의 카필라노 강의 서로 다른 두 다리에서 진행되었다. 첫 번째 다리는 폭이 좁고 길이는 140m 정도이며 높이는 70m인 심하게 흔들리는 다리였고, 두 번째 다리는 삼나무로 만들어진 높이 3m 정도의 튼튼한 다리였다. 여성 실험도우미가 다리를 건너오면서 중간에서 18~35세 정도의 남성에게 설문을 하게 하였다. 설문이 끝나고 여성 실험도우미는 남성들에게 전화번호를 건네며 나중에 이 실험에 대한 자세한 사항이 궁금하다면 전화를 하라고 하였다. 실험 결과 흔들리는 첫 번째 다리에서 설문에 응답한 남성들은 50% 이상이 전화를 걸어 왔지만, 반면 안정된 두 번째 다리에서 설문에 응한 남성들은 12.5%만이 전화를 걸어 왔다는 연구 결과가 나왔다.

이 흔들다리 효과 실험은 심리적으로 불안한 상황과 그로 인한 신체의 각성 상태에서 사람은 자신의 감정을 쉽게 착각한다는 원리를 바탕으로 한 이론을 설명해 준다. 이 실험을 통해 인간은 자신이 긴장하면 손에 땀이 난다든지 심장 박동이 빨라진다든지 하는 신체적인 변화로 자신의 감정을 착각할 수도 있다는 것을 알 수 있다. 사실 누군가와 함께 있을 경우에 흥분과 사랑을 구분하지 못해 그 긴장 상태를 자기와 함께 있는 사람 때문에 생기는 사랑의 감정이라고 착각해 버리는 것을 보면 인간의 묘한 심리상태가 얼마나 신기한지 놀라울 따름이다. 이와 비슷한 실험으로 뉴욕 주립대학교의 심리학과 교수는 방 안에 남성을 한 명씩 들어오게 한 후 여성들의 사진을 보여주며 그들의 심장소리를 들려주었다. 그런데 미녀의 사진을 보여 줄 때는 보통의 심장 박동 소리를 들려주고, 평범하거나 매력적이지 않은 여성의 사진을 보여줄 때는 빠르게 뛰는 심장 박동 소리를 들려 주었다. 실험 결과, 놀랍게도 남성들은 자신의 심장 소리가 빠르게 뛰었던 여성들의 사진에 호감을 표시하였다.

이러한 사랑의 오류 실험의 사례가 또 있다. 미국의 심리학자 아얄라 파인스(Ayala M. Pines)의 연구 결과에서는 수천 쌍의 남녀와 인터뷰한 결과 극적인 상황 속에서 커플이 된 사례가 20%를 넘는다고 하였다. 이 커플들은, 예를 들면 일상에서 겪을 수 없는 경험, 즉 대학입학, 여행 또는 부모님의 죽음이나 연인과의 이별을 경험한 상태일 때 이성에 대한 호감도가 상승한다고 하였다. 이와 비슷한 실험으로 놀이공원에서 소개팅을 한 커플이 실내에서 소개팅을 한 커플보다 실제 연인으로 발전하는 경우가 더 많았다. 이 또한 잘못된 귀인의 오류를 범한 예이다. 연인끼리 공포영화를 보러 가거나 놀이공원에 가서 스릴 있는 놀이기구를 타는 경우, 가벼운 레포츠를 즐길 경우에 심장의 두근거림을 이성에 대한 호감으로 착각하게 된다. 혹시 주변에 자신의 이상형이나 마음에 드는 사람이 있으면 놀이동산에서 만남을 하거나 흔들거리는 다리 위를 걸어 보는 것은 어떨지…….

이러한 실험 연구 결과를 종합해 보면, '끌림의 법칙'에 대해 본능적으로 자신의 유전자와 비슷한 사람에게 끌리지만, 또 하나는 자신이 간절히 원하는 상대를 진심으로 대한다면 그 상대방도 끌림을 느낀다는 점, 그리고 공포심도 끌림을 유도한다는 점이 과학적으로 증명되었다는 점이다. 물론 사업에서의 끌림과 이성 간의 끌림에는 차이가 있듯이, 끌림에는 다양한 종류가 있으며, 상대방이 어떤 사람이냐에 따라서 끌림의 종류도 달라지고 지속적인 만남을 이어 가면서 그러한 끌림도 영역의 범위가 달라질 수 있다.

활동

끌림의 유형에 관해 생각해 보고 의견 나누어 보기

1. 내가 바라는 이상형은?

2. 내가 원하는 끌림은?

3. 내가 생각하는 진정한 끌림은 무엇인가?

2 2단계. 설렘의 법칙: 심장을 두근거리게 하라

1) 설렘의 의미

윌리엄 셰익스피어의 초기 비극 작품인「로미오와 줄리엣」에서는 두 사람이 만나는 장면마다 설렘을 가득 안고 서로를 바라보는 감정을 간접적으로나마 느낄 수 있다. 우리나라 작품「춘향전」에서도 청춘남녀 이몽룡과 성춘향의 첫 만남에서부터 가슴 두근거리는 풋풋한 설렘을 그대로 묘사하고 있다. 이러한 문학 작품들은 그 인기에 힘입어 영화나 뮤지컬로도 제작되어 많은 사랑을 받기도 하였다. 누구나 한 번은 경험하였던 첫사랑의 대상을 떠올려 보자. 눈빛만 보아도 가슴이 터져 버릴 것만 같았던 그 느낌…… 그 사람의 이름만 떠올리면 얼굴이 붉어지면서 심장이 두근거렸던 그 느낌…… 바로 그런 감정이 설렘이 아닐까? 살아가면서 느낌만으로도 설렘을 주는 대상이 있다는 것 자체만으로도 삶은 아름답고 행복하지 않을까?

이런 설렘의 사전적 의미는 '마음이 가라앉지 아니하고 들떠서 두근거리다'이다. 또 다른 의미로는 '가만히 있지 않고 자꾸만 움직이다, 물 따위가 설설 끓거나 일렁거리다' 등 여러 의미가 내포되어 있다. 그러나 흔히 '설렘'과 '설레임'을 혼돈하여 사용하는 경우가 있다. '설레임'은 '마음이 가라앉지 않고 들떠서 두근거림'이라는 뜻을 지닌 '설렘'의 잘못된 표현이다. 마찬가지로 '설레이다'가 아니라 '설레다'가 정확한 표현이다. 사실 그 의미로는 비슷하게 느껴진다. 왜냐하면 그 의미의 차이를 화자들이 잘 느끼지 못하는 경우가 많기 때문이다. 이 표현이 틀린 표기인 이유는 '설레다'는 그 자체로 화자의 감정을 표현하는 단어이기 때문에 굳이 피동을 의미하는 접사인 '이'를 넣어 줄 필요가 없기 때문이다. 그러나 사용 빈도는 '설렘'보다 '설레임'이 훨씬 더 높다.

이러한 설렘의 감정은 뇌 과학적으로 분석한 결과 세로토닌, 즉 행복을 느끼게 해 주는 물질 때문에 발생한다고 말한다. 이 세로토닌은 상대방의 결점을 인식하지 못해서 눈을 멀게 하는 것과도 같다. 그러나 세로토닌 호르몬의 효과는 2~3년, 길어야 4년 정도이다. 그렇다면 연애와 썸은 언제부터 시작이 되는 것일까? 그것 또한 사람마다 차이가 있을 것이다.

그리고 놀라운 사실은 이렇게 많고 많은 사람 사이에서 누군가를 만나고 사랑하게 되는 것이 바로 '설렘' 때문이라는 것이다. 여기서 말하는 설렘의 과정은 호르몬의 작용에 의해 감정의 변화를 겪게 되는 것으로 가장 먼저 누군가를 향해 끌림의 감정을 느끼고 난 이후 나타나는 감정의 변화이다. 상대방과의 만남을 통해 떨리던 그 처음의 설렘은 시간이 지날수록 조금씩 사라지고 대신 편안함이 자리를 잡게 된다. 이 시기를 이제 사랑이 식어 간다는 감정으로 해석하기도 한다. 대부분의 사람은 사랑을 '설레는 감정'으로 인식하기 때문에 설렘을 사랑의 초기 감정이라고 하며, 그것을 사랑을 측정하는 감정으로 여긴다.

활동

나만의 설렘에 관한 정의 적어 보기

1.

2.

3.

2) 설렘이 오래가면 닮는다: 유사성의 법칙

우리는 언제, 어떻게 설렘에 빠지는 것일까? 그리고 무엇 때문에 그 사람을 보면 설레게 되며, 또 언제 그 사람을 자신의 사랑이라고 생각할까? 많은 심리학자는 이런 설렘의 선택에 많은 관심을 기울인다. 왜냐하면 설렘은 그 어떠한 힘보다도 더 강한 마력을 지니고 있기 때문일 것이다. 대부분 설렘에 빠진 사람들은 자신과 매우 비슷한 성향의 사람을 선택하는 경향성이 있다. 그렇다면 사랑하는 사람들은 닮았거나 닮아 간다는 학설에 대한 실험들을 살펴보자.

미국의 심리학자 번(Donn Byrne)은 이성의 호감에 관한 연구를 통해 비슷한 태도를 공유한다고 생각이 되는 상대방에게 더 끌린다는 사실을 실험으로 증명하였다. 특히 20대 초반의 대학생들을 대상으로, 한 학기 동안 이성의 호감도에 관한 실험을 실시했다. 먼저 학생들을 개인적으로 각각의 태도를 분석하고 서로의 외모 수준을 평가하도록 했다. 그다음, 절반의 학생들은 태도가 비슷한 사람들끼리 짝을 만들고 나머지 절반은 상반되는 사람들끼리 짝을 만들었다. 이후 각각 짝이 된 커플들이 데이트를 하고 데이트가 끝난 뒤 또 다시 만족도를 측정했다. 결과는 태도가 비슷한 커플들은 태도가 다른 커플들에 비해서 서로에게 더 큰 호감을 가진 것으로 나타났다. 특히 상대방과 태도도 비슷하지만 상대방의 외모 점수가 높았던 경우에는 만족도 점수가 최고를 나타내었다. 이후 한 학기가 끝나고 다시 조사를 실시한 결과에서도 태도가 비슷하면서 외모 수준이 뛰어났던 상대방과 커플이 되어 데이트를 했던 학생들이 상대방에 대해 더 많이 기억하고 있었고, 또다시 만나고 싶다는 의견을 나타내었다.

사회심리학자 제이욘스(Robert Zajønc)는 사랑하는 커플이 서로를 닮은 이유는 처음부터 유사한 파트너끼리 사랑하여 결혼에 이른 것이 아니라, 두 사람이 결혼한 이후에 서로 비슷해진 것이라고 주장했다. 흔히 같은 일에 기뻐하고 같은 일에 슬퍼하는 감정의 공유를 하기 때문이라고 한다. 이러한 결과는 서로 닮아서 끌린 것이 아니라, 사랑하다 보니 닮게 되었다는 것을 의미한다. 또한 남녀가 만나고 사랑을 하고 결혼을 결심하는 순간 애정지수가 남자들은 90~100% 사이인 데 반해, 여자들은 60~70% 정도만으로도 결혼을 결심한다고 한다. 이 연구 결과를 뒷받침하기 위하여 제이욘스 연구팀은 실제로 결혼 1년차의 부부 사진과 25년차의 부부 사진을 토대로 유사성을 비교하였다. 그 결과, 25년차 부부의 얼굴에서 훨씬 큰 유사성을 발견할 수 있었다는 연구결과를 발표했다. 그들은 두 사람이 오랜 시간을 함께 살면서 같은 정서를 느끼게 되어 같은 표정과 같은 반응을 지속하다 보니 결국에는 닮은 외모를 만들어 간다고 주장했다. 같은 일에 슬퍼하고 같은 일에 기뻐하여 작은 주름조차도 비슷하게 형성되어 가면서 비슷한 표정과 외모를 만들어 간다는 것이다.

그러나 이와 반대로 다른 학자들의 연구에서는 커플이 서로 닮아 가는 이유가 같은 식단이나 기후 등에 영향을 받기 때문이라고 한다.

사실 누구나 사랑에 빠지거나 누군가에게 끌릴 때 가만히 두 사람을 비교해 보면 성격이나 취향이 비슷하다는 점을 발견하게 된다. 그리고 상대방의 마음에 들기 위해 많은 노력을 하거나 애를 쓰기도 하며, 간혹 그 상대방이 책을 좋아하면 좋아하지도 않는 책을 좋아한다거나 독서가 취미라는 거짓말을 하기도 한다. 이처럼 성격의 유사성은 두 사람의 관계가 조금씩 진전되면서 그 중요성이 부각되기도 한다. 유사성 원리를 연구하는 학자들에 따르면, 성격이 비슷한 부부가 성격이 다른 부부보다 더 만족스럽고 행복한 결혼생활을 유지한다고 한다. 흔히 '자주 만나면 없던 친밀감도 생긴다' 또는 '자꾸 보니 정든다' 등 이런 말을 들어 본 적 있을 것이다. 물론 사람의 심리는 매우 복잡하기 때문에 모든 상황을 일반화하기 어렵지만, 상대와의 물리적인 거리가 가까우면 관계가 진전될 확률이 높다. 늘 함께 얼굴을 보아야 하는 상황인 직장, 사는 곳 등 상대방의 행동반경과 겹치면 겹칠수록 서로에게 호감을 얻어 내기 쉽다는 말이다.

그러나 최근의 연구에 따르면 첫 만남부터 닮은꼴인 사람들이 결혼을 하게 된다는 연구 결과가 많다. 이러한 연구 결과는 서서히 닮아 간다는 제이욘스의 주장이 틀렸다는 것이 아니라, 이미 닮은 사람들이 이끌림에 의해 만나고, 또 지속적인 만남을 이어 가면서 서로 사랑하게 되고 결혼하게 되며 이후 함께 살면서 더욱 닮아 간다는 이야기이다. 이렇게 서로의 외모가 닮은 사람들끼리 끌리는 이유는 '반복된 노출로 인한 결과'라고 주장하는 연구들도 등장하고 있다. 즉, 태어날 때부터 가족이라는 울타리를 이루며 사는 가족들끼리 닮았듯이 자신과 닮은 사람들에게 반복적으로 노출되며 살다 보니 자연스레 자신과 비슷한 외모의 사람에게 끌리게 되고 자꾸 호감이 생긴다는 주장이다. 인간의 만남과 이별 그리고 사랑 등의 미묘한 감정들은 많은 사람의 흥미를 유발하기에 충분하다.

한편, 과학적인 연구에서도 이러한 결과를 뒷받침해 주듯이 진화론적 관점에서 '유사성 매력'에 관한 연구 결과를 살펴보면 인간은 자연스럽게 자신의 좋은 유전자를 남기기 위해서 닮은 형을 가진 상대방을 선호하고 그런 상대에게 성적 매력을 느낀다는 것이다. 사실 외모가 비슷한 사람끼리 커플이 될 확률이 높다는 결과를 증명한 국내 연구들도 종종 있다. 몇 년 전, 신혼부부 20쌍과 평범한 남녀 얼굴 사진 40장을 이용한 실험의 연구 결과는 매우 흥미로웠다. 자신에게 한 장씩 제시되는 사진에는 매력도를 측정하고, 쌍으로 제시되는 남녀의 사진에는 유사성을 측정하게 한 실험이었다. 놀랍게도 연구 결과는 실제 신혼부부의 사진이 매우 높은 유사성 점수를 얻었고, 남녀 각각의 사진에 부여된 매력도 점수 또한 신혼부부의 점수가 매우 비슷한 것으로 나타났다. 이것은 닮은 사람끼리 사랑에 빠진다는 '유사성 원리'를 뒷받침하는 결과를 그대로 나타내었다.

남녀 간의 수많은 실험연구는 상대방에 대한 인식이 그 사람의 마음을 지배한다는 것을 보여 주고 있다. 다시 말해, 이성 간의 사랑에서 가장 중요한 것은 두 사람 사이의 상호작용이 어떤 식으로 전개되느냐에 따라서 달라진다는 것이다. 상대방이 가진 조건을 내가 어떻게 인식하느냐에 따라 그 사람이 자신을 인식하고 상대방을 인식하는 태도가 달라진다. 그러한 인식이 행동으로 나타나고, 이러한 행동이 다시 기존의 인식을 강화하는 것이다. 만약 여자를 지적이고 매력적인 사람으로 인정하고 그렇게 대하면 그 사람에게 있어 여성은 적어도 지적으로 성숙한 사람으로 행동한다. 왜냐하면 그 사람의 인식이 그렇다는 것을 상대방이 알고 있기 때문에 더욱 좋은 끌림의 법칙이 작용하는 것이다. 그렇다면 근접성, 외모, 유사성, 상호성은 누군가에게 끌리는 사람이 되고 싶은 사람들에게는 '꿀팁'이 아닐까? 누군가에게 특별한 사람으로 기억되고 싶다면 이 호감의 4가지 법칙을 실천해 보는 용기를 발휘해 보자. 그리고 어떤 이성에 끌리는지 테스트를 통해 자신의 타입을 알아보자.

활동

생각 나누기

1. 누군가에 호감을 느낀 경험이 있는가?

2. 무엇 때문에 그 사람에게 호감을 느꼈다고 생각하는가?

3. 누군가에게 호감을 주는 사람이 되기 위해서는 무엇이 필요한가?

3) 설렘의 지속 기간

두근거리는 설렘은 얼마나 오랫동안 지속되는 것일까? 흔히 사랑을 터널에 비유한다. 사랑에 빠진 사람을 두고 눈에 콩깍지가 씌었다고 하는 표현은 사랑에 빠지면 판단력이 급속도로 낮아진다는 것을 뜻한다. 즉, 사랑에 빠졌을 때 머릿속에는 온통 그 사람 생각뿐이고 늘 그 사람만 생각한다. 그러나 언젠가는 그 감정에서도 긴 터널에서도 빠져나와야 한다. 이러한 터널의 원리에서 일어나는 증상을 '터널시야효과'라고 한다. 이 터널시야효과는 어떤 한곳에 집중할수록 주변의 다른 것들이 시야에서 사라지는 현상을 의미한다. 이 말은 원래 터널 안에서 터널 출구를 바라볼 때처럼 시야가 제한되는 시야협착증을 가리키지만 심리학적으로는 집중하는 대상 이외의 것들을 인지하는 능력이 현저하게 떨어지는 것을 의미한다. 모든 터널도 끝이 있듯이 긴 터널이 끝나면 좁아졌던 시야가 원래 상태로 돌아온다. 설렘도 마찬가지로 설렘의 터널에서 나오면 그제야 정신을 차린다. 영원할 것만 같았던 그 설렘의 콩깍지도 서서히 벗겨진다는 것이다. 미국 뉴저지주 럿거스 뉴저지 주립대학교 인류학 교수인 헬렌 피셔(Helen Fisher)는 15년 동안 62개국 여성들을 대상으로 한 연구에서 "여성의 사랑은 4년이면 식어 버린다."는 결론을 내렸다. 이것이 사실이라면 여성들은 정이 들 때쯤이면 이별 준비를 한다는 것이다.

한편, 많은 과학자는 설렘은 호르몬에 의한 것이라고 한다. 미국 코넬 대학교의 연구에 의하면 사랑하는 사람을 만나게 되는 순간 끌림과 떨림과 설렘의 신체 반응 등이 한꺼번에 동반된다고 한다. 누구나 사랑에 빠지면 뇌 속에 도파민과 옥시토신, 페니레시라민 등의 화학물질의 분비로 인해 심장의 떨림, 설렘 등과 같은 증세가 나타난다는 것이다. 뇌 과학자들은 이러한 인간의 사랑에 대한 분석에 의하면 첫눈에 반하는 데는 10만 분의 15초가 걸리고, 대화로 상대방의 매력을 파악하는 시간은 9~40분 정도 걸리지만 격

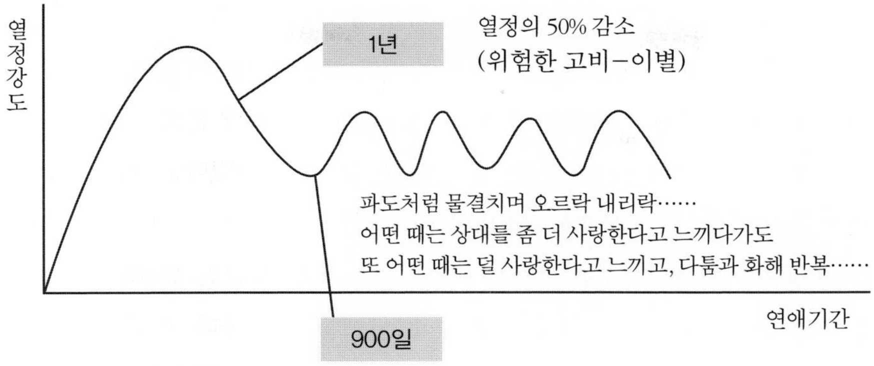

그림 3-2 설렘의 유효기간(열정곡선–신시아 하잔 교수)

출처: http://terms.naver.com/entry.nhn?docld=3409210&cid=58413&categoryid=58413

정적 사랑의 지속시간은 900일 정도 걸린다고 한다. 대부분의 학자는 사랑의 평균 유효기간은 18개월에서 36개월 정도이며, 시간이 지나면 사랑의 호르몬 분비도 점차 사라지는데 그 시간이 대략 2~3년이 걸린다고 한다. 물론 사람마다 차이가 있겠지만 보통 2~3년 정도 지나면 첫 만남의 설렘은 점점 사라진다는 것이다.

사랑의 열정의 지속기간은 최대 900일이며, 그 이후는 애착이다. 앞의 열정곡선 그래프에 나타난 사랑의 유효기간은 1년이 지나면 열정이 50% 수준으로 줄어든다. 그리고 그 이후 열정의 강도는 계속 낮아지다가 두 사람이 그때까지 헤어지지 않으면 더 이상 낮아지지 않고, 그림에서처럼 마치 파도를 치듯 오르락내리락하게 된다. 물론 검증되지는 않았지만 연인들 사이에서는 '밀당', 즉 '밀고 당기기'도 설렘의 지속기간을 길게 만들어 준다고 인식하고 있다. 밀당은 겉과 속이 다른 상태에서 상대방에게 긴장감과 질투심을 유발하는 행동을 일컫는다. 예를 들면, '약속 장소에 10분 정도 늦게 가기' '먼저 일어서기' '질투심을 유발하기 위해 이성 친구와 연락하기' 등이 대표적이다. 물론 적당한 밀당은 두 사람의 관계 발전에 긍정적 역할을 하지만 너무 심한 밀당은 오히려 관계 진전에 도움이 되지 않는다. 이러한 밀당이 연인 간에 주는 상호작용은 친밀한 대화를 통해 이뤄지는데, 갑자기 상대방이 냉소적인 반응을 보이면 좋았던 감정이 식을 수도 있다. 비렌 스와미(Viren Swarmi) 교수는 "밀당은 본인의 호감을 깎아내리는 것에 지나지 않으며, 대부분 불필요한 노동이라고 본다."고 말했다. 하지만 좋아하는 상대방이나 이성에게 '밀당'을 하고 싶은 이 심리는 무엇일까? 만약 너무 바쁜 나머지 설레는 감정을 느껴 본 지 오랜 시간이 지났다면 이제부터라도 다시 자신의 마음 한구석에서 가슴이 터져 버릴 것만 같은 설렘을 만들어 보는 것은 어떨까? 그 설렘은 사람이 아닌 자신의 꿈이나 또 다른 목표가 되어도 상관없다.

4) 설렘의 법칙

옥스퍼드 대학교의 임상병리학 교수인 프리먼(Daniel Freeman)의 연구에 의하면 사람이 서로에게 강하게 끌리면서 설레는 감정을 갖게 되는 이유는 '설렘의 법칙'이 작용하기 때문이라고 하였다. 그는 이 설렘의 법칙을 높이기 위한 방법에는 4가지가 영향을 준다고 하였다. 그가 강조한 설렘의 법칙 4가지는 다음과 같다.

첫째, 자주 만나 관계를 돈독히 하라(근접성). 아무리 좋은 남녀관계라도 자주 만나지 않으면 멀어진다. 사랑도 눈에서 멀어지면 마음에서도 멀어진다고 하지 않던가. 자주 만나야 애정도 사랑도 싹튼다.

둘째, 스마트한 외모를 유지하라(외모). 진화심리학자 데이비드 버스(David Buss)가 전 세계 1만여 명을 대상으로 실시한 설문조사 결과를 보면, 남성은 외모에 높은 비중을 두었으나 여성은 성실함과 경제적 부를 갖춘 남성을 선호한다는 연구 결과를 나타내었다. 그러나 외모가 아름답거나 깔끔하면 상대방에게 호감을 주고 매력적인 느낌을 주기 때문에 인간관계의 폭이 넓어질 확률이 높다는 것이다.

셋째, 비슷한 사람에게 친밀감을 느낀다(유사성). 많은 연구에서 자신과 비슷한 점이 많은 사람에게 끌린다고 하였다. 사실 이러한 유사성은 자신과 비슷한 경험들을 했을 것이라는 부분이 많이 작용하기 때문이다.

넷째, 자신을 좋아한다고 믿게 만들어라(상호성). 이러한 상호성은 상대방이 자신을 좋아한다는 거짓정보를 듣고 그 사람을 만나게 되면 그 사람에 대해 매우 호의적인 태도를 갖게 된다는 것이다. 특히 상대방이 자신을 좋아한다고 믿으면 얼마 지나지 않아 마치 그렇게 될 것이라고 믿기 때문에 그 사람이 더욱 좋아지고 자존감도 향상된다. 더불어 상대방을 칭찬하라. 칭찬은 고래를 춤추게 만들 정도로 대인관계에서 누구나 쉽게 할 수 있는 강력한 무기이다.

활동

설렘의 요인에 관해 생각 나누기

1. 근접성	
2. 외모	
3. 유사성	
4. 상호성	

3 3단계. 울림의 법칙: 서로가 울리게 하라

1) 울림의 의미

울림(공명, 共鳴)은 사전적 의미로 특정 진동수(주파수)에서 큰 진폭으로 진동하는 현상을 말한다. 이때의 특정 진동수를 공명 진동수라고 하며, 공명 진동수에서는 작은 힘의 작용에도 큰 진폭 및 에너지를 전달할 수 있게 된다. 우리 주변에서 볼 수 있는 울림 현상의 대표적인 예는 그네의 운동이다. 사람이 타고 있는 그네를 밀 때 그네 운동의 고유 진동수에 맞게 그네를 밀게 되면 그네는 높이 올라갈 수 있게 된다. 이는 그네를 진자의 운동으로 생각했을 때, 운동하는 진자의 진동수와 같은 고유 진동수의 힘을 가하면 진폭이 커지게 되는 것으로 이해할 수 있다. 물체는 여러 개의 고유 진동수를 가질 수 있으며, 고유 진동수와 같은 진동수의 외력이 주기적으로 전달되어 진폭이 크게 증가하는 현상을 울림(공명) 현상이라고 한다. 대인관계에서도 개인 간의 방향이나 마음이 맞으면 원하는 목표를 향해 작은 에너지로도 큰 폭의 변화를 일으키며, 상호 간에 감동을 일으키게 된다.

2) 울림의 법칙

상대방에게 울림을 줄 수 있는 방법에 관해 미국의 심리학자 돈 번(Donn Byrne)은 다음과 같은 실험을 하였다. 실험 참가자들에게 정치적인 성향, 신의 존재, 신념, 가치관 등에 관한 질문으로 구성된 설문지를 작성하게 하였다. 설문지 작성을 끝낸 후 실험자는 잠시 대기하고 있던 참가자에게 설문 작성 당시 자신의 맞은편에 앉았던 참가자의 인상이 어땠냐고 물어보았다. 질문과 함께 맞은편에 앉았던 참가자가 작성한 설문지라며 참가자에게 보여 주었다. 그러나 설문지는 실험자가 거짓으로 조작한 것이다. 실험 참가자들 중 절반에게는 참가자가 작성한 설문 내용과 거의 비슷하게 꾸며진 설문지를 보여 주고, 나머지 절반에게는 상반되게 꾸민 설문지를 보여 주는 것이다. 실험 결과는 다른 태도와 닮은 태도의 비율이 이성에 대한 호감 수준을 결정한다고 나타났다. 비슷한 마음가짐과 태도의 비율이 높을수록 상대방에 대한 호감도는 매우 컸다. 이 결과는 성장 배경, 성별, 나이에 상관없이 여러 집단에서 대부분 동일한 결과를 얻었다. 이처럼 대인관계 상호 간에 비슷한 생각이나 가치관, 신념 등의 성향이 유사하거나 성향을 이해하고 상호 존중할수록 울림을 형성할 가능성이 높다. 전문가들의 조사에 따르면, '나이' '인종' '종교' '수입' 등 서로 비슷한 특성을 가진 사람과 대인관계를 맺을 확률이 높다고 한다.

하지만 비렌 스와미 교수는 이런 요소보다도 '정치성향' '음악취향' 등의 가치관이나 신념 등의 요소가 대인관계에서의 울림적 단계로의 발전에 가장 중요하게 작용한다고 하였다. 왜냐하면 대부분의 사람은 사회통계학적인 요소를 바탕으로 대화를 주도하게 되는데, 이때 신념이나 가치관, 생각 등에 공감하느냐와 공감하지 않느냐가 두 사람의 관계형성에 있어 큰 영향을 미치기 때문이다. 비렌 스와미 교수는 "상대방이 자신과 반대 의견을 피력할 때 우리 몸은 무의식중에 움츠리게 되고 방어적인 태세를 취하게 된다. 따라서 상대방과 자신이 서로 공감하고 이해할 때 긴장감이 완화되고 편안함을 느끼면서 상대방을 더 자주 찾게 되는 것"이라고 말했다. 이것은 생각이나 가치관, 신념 등이 유사하거나 상호 이해하고 존중할수록 상대방을 자주 찾고 자주 만나게 되며, 그럴수록 감정과 동시에 대인관계도 깊어진다는 것이다. 따라서 주변에 끌림이나 설렘을 느끼는 상대가 있다면 되도록 자주 만나고 우연히라도 마주치는 순간을 만드는 것이 좋으며, 무엇보다도 그 사람이 어떤 부분에 관심이 있는지를 알고 의도적으로 공략하라. 혹시 알까? 그 사람과 좋은 인간관계에 빠질지 말이다.

공감과 경청에 대한 부분은 뒤의 의사소통에서 자세하게 다루고 있다. 물론 울림의 감정이 시작되기 위해서는 남녀 모두 상대방의 매력에 호감을 느껴야 한다. 그런 다음 울림의 불꽃이 타오르기 위해서는 생각이나 가치관, 신념 등이 서로 비슷하거나 공감할 수 있다는 사실이 인식되어야 한다. 그리고 울림의 불꽃이 최종단계인 어울림으로 발전하려면 상호 간에 헌신적인 관계로 발전해야 하며, 그 관계가 진정으로 발전적인 관계라는 확신이 서야 한다.

상대방에게 울림을 줄 수 있는 방법

① 타인의 생각, 가치관, 신념을 이해하라.
② 타인의 생각, 가치관, 신념을 경청하라.
③ 타인의 생각, 가치관, 신념을 공감하라.
④ 상호 간의 생각과 가치관, 신념의 유사점과 차이점을 인정하고, 변증법의 원리에 의하여 보다 한 차원 높은 공동의 생각과 가치관, 신념을 만들어라.

4 4단계. 어울림의 법칙: 어울림을 통해 상호 성장하게 하라

1) 어울림의 의미

어울림의 유형으로 사랑을 연구한 학자들의 연구 중 가장 널리 알려진 연구로는 스텐버그(Robert Sternberg)의 사랑의 삼각형 이론이 있다. 스텐버그는 사랑의 3가지 구성요소를 친밀감, 열정, 헌신으로 구분했다.

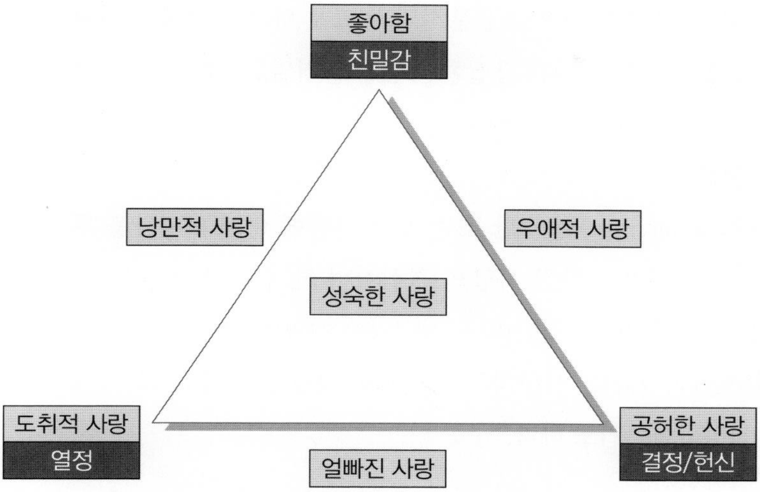

그림 3-3 스텐버그의 사랑의 3가지 구성요소

(1) 친밀감

친밀감(intimacy)은 사랑하는 상대에 대해 관심을 가지게 되고 잘되기를 바라고 서로를 이해하고 정서적인 도움을 주고받는 것이다. 서로 친하게 의사소통하는 것, 상대방을 중요하게 생각하는 것 등이 친밀함과 관련된 특성이다. 친밀감은 사랑의 '따뜻한' 측면으로서 가깝게 느낌, 서로를 잘 이해함, 함께 공유함, 원활한 의사소통, 긍정적인 지지 등을 의미한다. 사랑이 따뜻하고 푸근하게 느껴지는 것은 이러한 친밀감 때문이다.

(2) 열정

열정(passion)은 이성 관계에서 낭만이나 매력 또는 흥분을 느끼게 하는 것으로서 상대를 이상화하며, 가장 중요하게 여긴다. 낭만적인 연애 감정에 휩싸여 행복감이 강해지지만, 또 어느 순간 그 행복감이 없어질 것 같은 불안감과 우울, 질투 등의 부정적인 감정을 느끼기도 하면서 혼란에 빠지게 된다. 사랑의 동기적 측면을 이루는 것이 열정이다. 사랑의 '뜨거운' 측면이다. 열정은 연인들을 생리적으로 흥분시켜 들뜨게 하고 사랑하는 사람과 함께 있고 싶고 일체가 되고 싶은 강렬한 욕망을 불러일으킨다.

(3) 헌신

헌신(commitment)은 결단 또는 자기 사랑에 대한 책임감을 뜻한다. 단기적으로는 상대방을 향한 사랑의 결심이며 장기적으로는 어떤 경우에도 그 사랑을 지속하겠다는 결단이다. 상대방을 사랑하겠다는 결정과 행동적 표현을 의미한다. 헌신은 사랑하는 사람과의 사랑을 지키겠다는 선택이자 결정이며 책임의식이기도 하다.

이러한 세 가지 구성요소를 바탕으로 사랑의 유형을 8가지로 분류하면 그 세부적 내용은 다음과 같다.

- **비사랑**(nonlove): 세 가지 요소 중 아무것도 갖추지 않은 관계는 사랑이라고 할 수 없으며, 그저 지나치는 많은 사람과의 무의미한 대인관계가 이에 속한다.
- **우정**(liking): 친밀감만 있는 경우로서 뜨거운 열정과 상대에 대한 투신적 행동은 없지만 가까움과 따뜻함을 느끼는 상태, 즉 우정과 같은 것이다.
- **짝사랑**(infatuation): 열정만 있는 상태이다. 우연히 어떤 사람을 보고 첫눈에 반해 혼자 가슴앓이를 하는 경우가 이에 해당한다.
- **공허한 사랑**(empty love): 열정이나 친밀감이 없이 투신행위만 있는 경우이다. 서로 간의 사랑이 없이 결혼생활을 하는 부부가 이 유형에 속한다.
- **낭만적 사랑**(romantic love): 열정과 친밀감은 가지고 있지만 투신행위가 없는 사랑의 경우이다. 서로 친밀하고 열정을 느끼지만 결혼과 같은 미래에 대한 약속이나 확신 없이 서로를 사랑하는 경우이다.
- **허구적 사랑**(fatuous love): 할리우드식 사랑이라고도 하는 사랑의 유형으

로서 열정을 느껴 투신행위를 하지만 친밀감이 형성되지 못한 사랑의 경우이다. 만난 지 얼마 지나지 않아 열정을 느껴 빠른 시간에 약혼하고 결혼하는 식의 사랑을 말한다. 이 경우는 열정은 있고 결혼이라는 헌신 행동도 있지만 진정한 의미의 친밀감이 형성되고 서로를 깊이 이해할 시간이 부족하여 지속되기 어렵다.

- **우애적 사랑**(companionate love): 친밀감과 헌신행위는 있으나 열정이 없거나 식어 버린 사랑이다. 오랜 결혼생활을 한 부부간의 관계에는 이런 사랑이 흔하다.
- **완전한 사랑**(consummate love): 열정, 친밀감, 헌신 이 세 가지 요소를 모두 갖춘 완벽하고 이상적인 사랑이다. 이런 사랑을 얻는 것은 불가능하지는 않지만 매우 어렵다. 그러나 더욱 어려운 점은 이러한 사랑을 성취한 후 이를 지속시키는 일이다.

어울림의 대인관계는 스텐버그의 완전한 사랑처럼 사랑의 3가지 구성요소인 친밀감, 열정, 헌신이라는 세 가지 요소들이 모두 충족되어 서로 균형을 이룰 때, 하나의 완전한 어울림으로 본다. 친밀감은 정서적 속성으로 서로 가깝고 연관되어 있으며 맺어져 있다고 느끼는 것이다. 열정은 동기적 속성으로 매력을 느끼는 감정이며, 헌신은 대인관계를 통한 목표를 달성하는데 최선을 다하겠다는 책임감을 뜻한다.

2) 어울림(사랑)의 유형

다음 테스트를 통해 내 사랑은 어떤 모양인지 알아보도록 하자.

사랑 유형 테스트

	문항	전혀 그렇지 않다	대체로 그렇지 않다	보통이다	대체로 그렇다	매우 그렇다
1	나는 실제로 ○○가(이) 잘 지내도록 돕고 있다.	1	2	3	4	5
2	나는 ○○를(을) 보면 설렌다.	1	2	3	4	5
3	나는 ○○가(이) 걱정된다.	1	2	3	4	5
4	나는 ○○와(과) 같이 있으면 따뜻하게 느껴진다.	1	2	3	4	5
5	나는 하루에도 몇 번씩○○를(을) 생각한다.	1	2	3	4	5
6	나는 필요할 때 ○○에게 의지할 수 있다.	1	2	3	4	5
7	나는 ○○와(과)의 관계를 유지하려고 애쓰고 있다.	1	2	3	4	5
8	필요할 때 ○○가(이) 나에게 의지할 수 있다.	1	2	3	4	5
9	○○에게 헌신하고 있기 때문에 우리 사이에 다른 사람이 끼어들게 하지 않을 것이다.	1	2	3	4	5
10	나와 ○○는(은) 열렬한 관계이다.	1	2	3	4	5
11	나는 나 자신과 내가 가진 것들을 ○○와(과) 기꺼이 나눌 수 있다.	1	2	3	4	5
12	나는 ○○에게서 정신적으로 많은 힘을 얻고 있다.	1	2	3	4	5
13	우리 관계는 변하지 않을 것이다.	1	2	3	4	5
14	나는 ○○에게 헌신하는 중에 어떤 것도 개입시키지 않을 것이다.	1	2	3	4	5
15	나는 ○○에게 정신적으로 많은 힘을 주고 있다.	1	2	3	4	5
16	나는 ○○가(이) 매력적이라고 생각한다.	1	2	3	4	5
17	나는 ○○와(과) 말이 잘 통한다.	1	2	3	4	5
18	나에게 ○○는(은) 내 이상형이다.	1	2	3	4	5
19	나는 남은 인생을 ○○와(과) 사랑하며 지내기를 바란다.	1	2	3	4	5
20	나는 ○○만큼 나를 행복하게 해 줄 수 있는 사람은 없다고 여긴다.	1	2	3	4	5
21	나의 생활에서 ○○가(이) 아주 많은 가치를 차지하고 있다.	1	2	3	4	5

22	나는 ○○에 대한 강한 책임감을 느낀다.	1	2	3	4	5
23	나는 다른 사람보다 ○○와(과) 더 같이 있고 싶다.	1	2	3	4	5
24	나는 ○○를(을) 가깝게 느낀다.	1	2	3	4	5
25	나는 ○○에 대한 헌신이 변함없을 것이라 본다.	1	2	3	4	5
26	나에게 ○○와(과) 있으면 편안하다.	1	2	3	4	5
27	나에게 ○○와의 관계보다 더 중요한 것은 없다.	1	2	3	4	5
28	나는○○를(을) 잘 이해한다.	1	2	3	4	5
29	나는 ○○와(과)의 관계가 끝나는 것을 상상도 할 수 없다.	1	2	3	4	5
30	나는 ○○을(를) 신뢰한다.	1	2	3	4	5
31	나는 ○○와(과) 손을 잡거나 팔짱을 끼는 등과 같은 신체적 접촉을 좋아한다.	1	2	3	4	5
32	○○에 대한 내 사랑은 확실하다.	1	2	3	4	5
33	나는 ○○와(과)의 관계에 끌리는 무언가가 있다.	1	2	3	4	5
34	우리의 관계는 영원할 것이다.	1	2	3	4	5
35	나는 ○○를(을) 흠모한다.	1	2	3	4	5
36	나는 ○○와(과)의 관계가 현명한 결정이라고 본다.	1	2	3	4	5
37	나에 대해서 ○○에게 숨김없이 털어놓는다.	1	2	3	4	5
38	나는 ○○가(이) 없는 인생은 생각할 수도 없다.	1	2	3	4	5
39	나는 ○○에 대해 책임감은 변함없을 것이다.	1	2	3	4	5
40	○○는(은) 나를 잘 이해해 준다.	1	2	3	4	5
41	우리 관계는 열정적이다.	1	2	3	4	5
42	나는 ○○와(과)의 관계를 유지해 나갈 것이다.	1	2	3	4	5
43	나는 로맨틱한 영화를 볼 때나 책을 읽을 때 ○○를(을) 생각한다.	1	2	3	4	5
44	나는 ○○에 대해서 환상을 가지고 있다.	1	2	3	4	5
45	○○가(이) 어려울 때도 나는 우리의 관계를 계속 유지해 나갈 것이다.	1	2	3	4	5

※ 채점 및 해석

- 1번에서 15번까지의 점수를 합산한다. 이 점수가 당신의 친밀감 점수이다.
- 16번에서 30번까지의 점수를 합산한다. 이 점수가 당신의 열정 점수이다.
- 31번에서 45번까지의 점수를 합산한다. 이 점수가 당신의 헌신 점수이다.

활동

생각 나누기

1. 앞의 체크리스트 점수를 합산한 결과를 삼각형 모양 안에 표시하여 내 사랑의 삼각형을 그려 보자.

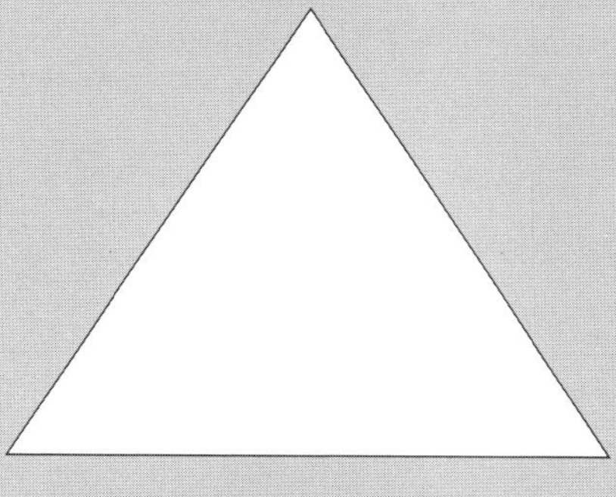

2. 진정한 사랑(어울림)이 존재한다고 생각하는가?

3. 진정한 사랑(어울림)을 위한 조건에는 어떤 것들이 있는가?

출처: Sternberg(1986).

3) 어울림의 법칙

다음은 상대방과 어울림을 나눌 수 있는 방법이다.

첫째, 상대방을 자기 자신을 사랑하는 마음으로 만난다.

둘째, 자신 스스로 어제보다 더 괜찮은 사람으로 변화되고 있다고 생각한다.

셋째, 자신만의 매력적인 점을 부각시키도록 한다.

넷째, 서로의 발전적 관계를 위해 보다 나은 미래의 비전을 제시한다.

다섯째, 대화를 통해 가슴 뛰는 꿈을 찾거나 자신만의 브랜드를 창조하는 모습을 보여 준다.

여섯째, 친근함과 열정, 헌신으로 서로의 꿈과 비전을 향해 가는 발전적 모습을 지원하고, 서로를 존중하는 태도로 대한다.

제2부

끌림과 설렘, 울림과 어울림의 대인관계 기반 다지기

누군가와 서로 공감할 때

사람과 사람과의 관계는 보다 깊어져 갈 수 있다.

-오쇼 라즈니쉬(Osho Rajneesh)-

제 **4** 장

끌림과 설렘, 울림과 어울림의 대인관계 기반 다지기의 첫 번째 단계: 나를 알기

1 나는 나를 얼마나 알고 있는가

대인관계에서 내가 누구인지를 알아보기 위한 활동지를 작성해 보자.

활동
생각 나누기

1. 내가 생각하는 나와 다른 사람들이 생각하는 나에 관해 적어 보자.

	나의 생각	( )의 생각
1. 내가 좋아하는 친구 3명을 고른다면?		
2. 내가 좋아하고 즐거워하는 일은?		
3. 내가 싫어하고 힘들어하는 일은?		
4. 나의 장점은?		
5. 나의 단점은?		
6. 나의 매력은?		

2. 나에 관하여 나와 다른 사람의 생각이 같은 점은 무엇인가?

3. 나에 관하여 나와 다른 사람의 생각이 다른 점은 무엇인가?

2 나 알기의 첫 번째 단계: 나는 제일 소중하다

심리학에서는 '메타 인지(meta-cognition)'란 말이 있다. 이 말은 인지작용, 즉 기억, 감지, 짐작, 연상 등 그 자체에 관하여 생각하거나 또는 자기 자신이 하는 생각작용에 대하여 생각하거나 따져 보는 행위를 말한다. 이것은 우리가 머릿속에서 생각하는 것을 생각하는 것을 의미하는 말이기도 하다. 자기 자신의 생각을 좀 더 자세히 살펴보고 그 생각이 긍정적인 생각인지 아니면 부정적인 생각인지를 생각하는 그것이 바로 메타 인지이다. 메타 인지처럼 사람은 생각한 대로 행동하게 되고 그 생각이 모든 행동을 지배한다는 것이다.

한 예로 미국의 어느 철도 회사에서 있었던 이야기이다. 이 회사에서는 냉동차가 역에 정차하고 있는 동안 차 내부를 청소하는 작업을 했다. 그런데 어느 날 아침 냉동차 문을 열어 보니 그 안에 싸늘한 시체 한 구가 있었다. 이 시체는 냉동차 안을 청소하는 사람이었다. 누군가 안에서 청소하는 사람이 있다는 것을 모르고 냉동차 문을 잠가 버린 것이다. 그런데 사건을 조사하는 동안 이해할 수 없는 사실을 발견하게 되었다. 냉동차는 청소를 하기 위해서 스위치를 뽑아 놓은 상태였기 때문에 내부 온도가 사람이 얼어 죽을 만큼 춥지도 않았고, 그 안에는 산소도 충분해서 질식해 죽을 이유가 없었던 것이다. 그러나 안타깝게도 안에 갇혔던 그 사람은 자기가 갇혔다는 것을 인지한 순간 '나는 냉동차 안에 갇혔으니 이제 얼어 죽겠구나'라는 부정적인 생각에 사로잡히게 되었고 그 부정적인 생각이 스스로 죽게 만들었다는 것이다. 이 사건의 예는 사람의 생각이 얼마나 중요한가를 보여 준다. 자신의 생각을 생각하는 것은 매우 중요하다. 생각을 생각하다……. 그것은 인간의 생각이 감정과 행동에 영향을 주고받는다는 것이다. 인간의 사고와 감정과 행동은 서로가 연관되어 있기 때문에 부정적인 사고는 부정적인 감정을 불러일으키고, 이러한 부정적인 감정으로 인한 행동은 바람직하지 못한 행동으로 표출된다.

미국의 심리학자인 섀드 헴 스테터(Shad Helm Stetter) 박사는 인간은 하루에 5~6만 가지 생각을 한다고 말한다. 그런데 문제는 그 생각 중에서 85%는 부정적인 생각이며 단 15%만이 긍정적인 생각이라는 점이다. 긍정적인 사고의 습관화는 긍정적인 사고와 긍정적인 언어 사용을 통해 이뤄진다. 인간의 말이란 자기 생각을 표현하는 가장 첫 단계이기 때문이다. 결국 모든 상황을 어떻게 긍정적으로 해석하느냐가 그날의 행복을 좌우한다. 노벨상을 받았던 물리학자 아인슈타인은 이런 말을 하였다. “사람이 나쁜 생각을 몰아내려면 11배 이상의 좋은 생각을 해야 한다”고. 이 말은 생각의 변화를 위해서는 끊임없는 관심과 훈련이 필요하다는 의미를 내포하고 있다.

또한 ‘피그말리온 효과(Pygmalion effect)’처럼 간절한 열망은 그 사람의 꿈을 이루게 하고, 이 과정에서는 자기 암시의 예언적 효과를 통해 발생하는 긍정적인 사고가 좋은 영향을 미친다는 것이다. 사람은 자신의 인생을 바꾸기 위해서 자신의 사고부터 바꾸어야 한다. 패러다임(사고의 틀)의 전환이 필요하다. 그렇지 않다면 지금까지 살아온 대로 똑같은 삶을 살아갈 수밖에 없다.

이처럼 성공적인 대인관계 구축을 위해서는 자신에 대해서 어떻게 인식하고 있는지 파악하는 것이 우선이다. 내가 누구인지, 내가 하고 싶어 하는 일은 무엇인지, 내가 잘할 수 있는 것에는 어떤 것들이 있는지에 관해 알아보는 것은 중요하다. 이러한 인간의 본질에 대해서 역동적으로 이해함과 동시에 자기 자신의 행동과 그 이면의 동기에 대해 깊이 이해하고 탐구하는 자세가 필요하다. 나아가 자신을 사랑하는 사람은 그만큼 자신에 대해 많이 생각하고 사랑하기 때문에 타인과 더 좋은 관계를 맺는 데 있어 어려움이 없다. 설사 어려움이 닥치더라도 현명하게 대처할 수 있는 내면의 에너지가 있다. 그러나 여기서 중요한 것은 자신을 정확하게 이해하기 위해서 최대한 자신을 개방적이고 수용적인 존재로 바라봐 주어야 한다는 점이다.

하버드 대학교 조세핀 킴(Josephine Kim) 교수는 자아존중감(또는 자존감)에 관해 자존감은 인생을 성공적으로 살아가기 위해 반드시 필요한 요소 중 하나로 자신에 대한 '신념의 집합'이라고 하였다. 특히 이 자아존중감은 두 가지로 구성되어 있는데 하나는 자기가치감과 또 하나는 자신감이며, 여기에는 자신이 사랑받을 만한 가치가 있는 소중한 존재라고 믿으며 어떠한 일에도 성과를 이루어 낼 만한 유능한 사람이라고 믿는 마음이 담겨 있다.

그러나 가끔씩 주변에서 유난히 자존심이 강한 사람을 볼 때가 있다. 자존심이 너무 지나쳐 독선에 가까우면 주변 사람들이 그 사람을 멀리하게 된다. 이런 사람들에게 가장 중요한 것은 우선 자신이 소중한 존재임을 깨닫는 것이다. 자존감과 자존심의 차이를 비교하면 다음과 같다. 자존심은 타인이 나를 존중하고 받들어 주길 바라는 마음이 강한 것을 의미하고, 자존감은 내가 나 스스로를 존중하는 마음이 우선이다. 자존심이 강한 사람은 자신은 자신을 존중하지 않으며 타인이 자신을 존중하길 바라는 마음이 강해 독선과 오기로 자신과 주변 사람들을 괴롭힌다. 늘 불평불만을 하면서 다른 사람들이 자신을 우러러봐 주길 바라는 것이다. 반대로 자존감은 남들이 뭐라고 하든 나 스스로 나를 존중하고 사랑하고 인정해 주는 것이다. 이처럼 자존감이 높은 사람들의 특징은 다른 사람들의 평가에 흔들리지 않고 자신감이 넘치고 당당하다. 또한 자존감이 높은 사람은 모든 원인과 결과를 자신으로부터 찾는다. 그러나 이와 반대로 자존심이 강한 사람은 원인과 결과를 모두 자신이 아닌 남에게서 찾는다. 그래서 자존감이 높은 사람은 모든 잘못을 내 탓으로 돌린다. 하지만 자존심이 강한 사람은 반대로 모든 잘못을 타인에게 돌린다.

다음의 자아존중감 척도를 테스트해 보고 자신의 현재 상태를 체크해 보자.

자아존중감 척도

※ 이 검사는 로젠버그(Rosenberg; 심리학박사)가 개발한 당신의 자아존중감을 확인하기 위한 것입니다. 자신을 어떻게 보는지에 대한 자신의 생각을 나타내는 문항과 척도검사입니다.

	문항	해당 요소
1	나는 내가 다른 사람들처럼 가치 있는 사람이라고 생각한다. (1) 대체로 그렇지 않다 (2) 보통이다 (3) 대체로 그렇다 (4) 항상 그렇다	
2	나는 좋은 성품을 가졌다고 생각한다. (1) 대체로 그렇지 않다 (2) 보통이다 (3) 대체로 그렇다 (4) 항상 그렇다	
3	나는 대체적으로 실패한 사람이라는 느낌이 든다. (1) 대체로 그렇지 않다 (2) 보통이다 (3) 대체로 그렇다 (4) 항상 그렇다	
4	나는 대부분의 다른 사람과 같이 일을 잘할 수가 있다. (1) 대체로 그렇지 않다 (2) 보통이다 (3) 대체로 그렇다 (4) 항상 그렇다	
5	나는 자랑할 것이 별로 없다. (1) 대체로 그렇지 않다 (2) 보통이다 (3) 대체로 그렇다 (4) 항상 그렇다	
6	나는 내 자신에 대하여 긍정적인 태도를 가지고 있다. (1) 대체로 그렇지 않다 (2) 보통이다 (3) 대체로 그렇다 (4) 항상 그렇다	
7	나는 내 자신에 대하여 만족한다. (1) 대체로 그렇지 않다 (2) 보통이다 (3) 대체로 그렇다 (4) 항상 그렇다	
8	나는 내 자신을 좀 더 존경할 수 있으면 좋겠다. (1) 대체로 그렇지 않다 (2) 보통이다 (3) 대체로 그렇다 (4) 항상 그렇다	
9	나는 가끔 내 자신이 쓸모없는 사람이라는 느낌이 든다. (1) 대체로 그렇지 않다 (2) 보통이다 (3) 대체로 그렇다 (4) 항상 그렇다	
10	나는 때때로 내가 좋지 않은 사람이라고 생각한다. (1) 대체로 그렇지 않다 (2) 보통이다 (3) 대체로 그렇다 (4) 항상 그렇다	

※ 평가방법

- 1, 2, 4, 6, 7번의 점수는 다음과 같이 산출한다.
  (1): 1점, (2): 2점, (3): 3점, (4): 4점
- 3, 5, 8, 9, 10번의 점수는 역점수로 다음과 같이 산출한다.
  (1): 4점, (2): 3점, (3): 2점, (4): 1점

※ 합계점수 보는 법

- 총 점수가 높을수록 좋기는 하지만 대체적으로 집단의 평균치 이상이면 보통정도로서 자아존중감이 좋은 상태라고 볼 수 있다. 그러나 평균치 이하의 경우엔 자신을 찾는 방법을 통해 자아존중감이 높아질 수 있도록 마음과 생각을 점검하여 높이는 것이 좋을 것 같다.
- 자아존중감은 삶에 있어서 아주 중요한 것으로서 자신과 주위에서 격려하여 서로의 존중감을 높일 수 있도록 도와주면 건강한 삶이 될 것이다.

주: 2004년 세계인의 조사자료 기준, 한국인의 평균치는 29.1임.
이 척도는 로젠버그가 개발한 검사지로서 세계적으로 사용되는 설문지임.
출처: Rosenberg(1979).

자아존중감 점수가 낮게 나온 경우, 이를 높여 주기 위해서 다음과 같은 방법을 적용해 보자.

1단계, 자신의 가치를 찾고 자기를 수용하고 인정하라. 가장 먼저 자신의 가치를 알고 인정해야 한다.

2단계, 할 수 있다는 신념을 가져라. 무엇보다 중요한 것은 할 수 있다는 신념이다. 이러한 신념을 가지기 위해서는 자신이 하고 있는 노력이 가치 있는 일임을 깨닫게 도와주고 인정해 주어야 한다.

3단계, 자신과의 긍정적인 자기대화를 하라. 우선 매일 자기 자신에게 긍정적인 언어로 자기대화를 하고 스스로를 칭찬해야 한다.

3 나 알기의 두 번째 단계: 내 안에 숨겨진 나 발견하기 (에니어그램 진단)

에니어그램은 기원전 2500여 년 전 아프가니스탄에서 시작되어 이슬람교 신비주의인 수피파와 유대교 신비주의인 카발라 지도자들에 의해 구전으로 전승되어 왔다. 에니어그램이란 '에니어(ennear, 9 · 아홉)'라는 단어와 '그라모스(grammos, 도형 · 선 · 점 · 무게)'라는 단어의 합성어로 '아홉 개의 점이 있는 그림/도형'이라는 뜻을 갖고 있다. 이 에니어그램은 사람을 9가지 성격으로 분류하는 성격 유형 지표이자 인간이해의 틀이다. 우리나라에서는 2001년에 윤운성 교수에 의해 표준화를 거친 한국형 에니어그램 성격유형검사(KEPTI)가 정식으로 출판된 것이 시작이다. 원과 아홉 개의 점, 그리고 그 점들을 잇는 선으로만 구성된 단순한 도형이지만 그 안에는 우주의 법칙과 인간 내면들이 상징적으로 표현되어 있다. 이 에니어그램의 체계와 목적은 다음과 같다.

첫째, 에니어그램의 목적은 진정한 자신을 찾아가는 것이다.

둘째, 지도에서 자신의 위치를 찾고 자신의 성격유형을 파악하는 것이다.

셋째, 인생은 자신에게 주어진 선물이라는 생각으로 멋지게 이 세상을 살아가라는 것이다.

에니어그램 검사는 과학적 검증을 거친 신뢰성 있는 도구로서 현대의 심리학과 결합돼 GE, AT&T, 제록스 등 일류기업들에서도 인사 관리, 리더십 육성 및 조직운용 등에 활용 중이다. 국내에서도 기업 및 대학을 중심으로 에니어그램을 도입하고 사용하고 있으며, 고대로부터 내려온 지혜의 논리에 감탄하는 마니아를 주위에서 찾기는 그리 어렵지 않다.

이러한 에니어그램은 사람을 9가지 유형으로 분류할 수 있으며, 어떤 사람이라도 그중 하나의 유형에 속할 수 있다고 본다. 그러나 그것은 사람을 9가지 유형으로만 구분하여 획일화해 놓은 것이 아니라 9가지 유형의 문을 통해 들어가는 성격의 문과 같은 것이다.

1) 에니어그램 상징의 특징

에니어그램의 상징은 세 가지 도형이 합쳐진 형상으로 이루어져 있다.

(1) 원

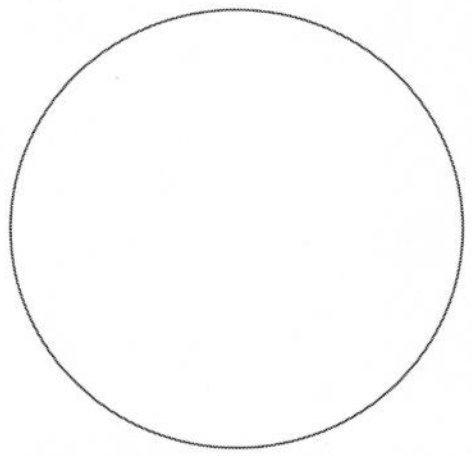

그림 4-1 Ennea circle

원은 하나의 선으로 이루어진 도형으로, 조화와 통일성을 의미하며, 모든 것은 한 가지로 귀결된다는 1의 법칙을 내포한다. 9가지 성격유형은 하나로 통합됨을 상징적으로 표현하고 있다.

(2) 삼각형

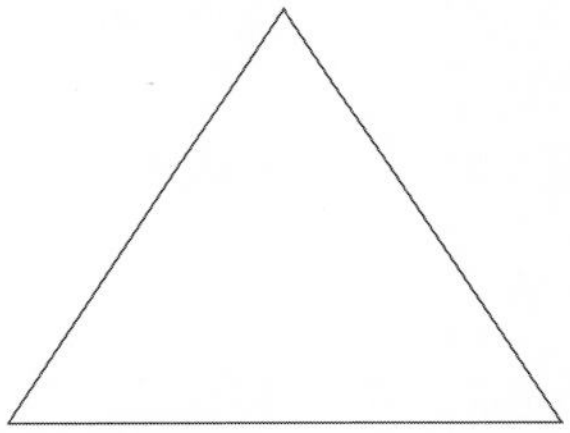

그림 4-2 Ennea triangle

9-6-3……으로 이어지는 삼각형은 3가지 힘이 균형을 이룰 때 가장 완벽해진다는 3의 법칙을 내포하며 이는 에니어그램의 삼분법을 의미한다. 3의 법칙으로써 이상적인 인간상에 다다를 수 있다는 것을 표현하고 있다.

(3) 헥사드

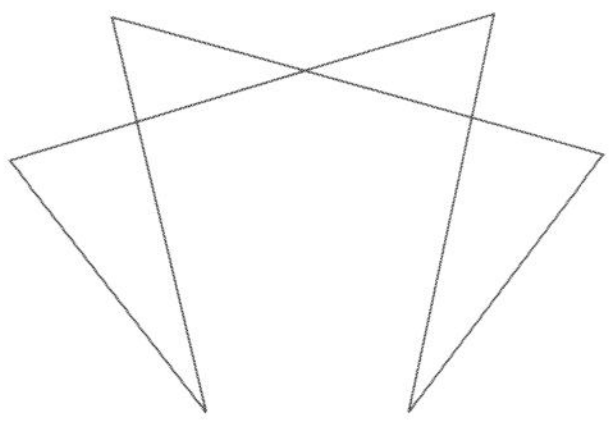

그림 4-3 Ennea hexad

1-4-2-8-5-7……로 이어지는 이 도형은 헥사드(hexad)라고 불린다. 헥사드는 방향성과 연속성을 의미하며, 9가지 성격유형이 항상 상호작용하고 변화한다는 것을 표현하고 있다. 헥사드는 우주가 7을 기준으로 순환한다는 7의 법칙(월화수목금토일, 도레미파솔라시, 원소 주기율표)을 내포한다. 또한 142857이라는 숫자는 1을 7로 나눈 순환소수 0.142857……과 대응하고 있어 원래 하나였던 것이 7가지로 분열되어 흐른다는 것을 나타내고 있다.

2) 세 가지 힘의 중심

(1) 장 중심(본능, 의지, 행동)

자신이 갖고 있는 힘과 존재의 무게감, 영역을 중요시하고 다른 사람을 통제하고 지배하려는 욕구가 강하여 자신의 힘과 영역을 확장하는 데 관심이 있다. 이러한 행동의 기저에는 자신이 공격받거나 힘에 억압당하는 것에 대한 두려움이 깔려 있다. 만약 이들이 공격받거나 억압, 통제를 당하면 분노를 느끼게 되며 그래서 이들은 보다 강한 힘, 존재감, 영역을 중요시하고 감각적, 단도직입적, 공격적인 성향을 보인다.

(2) 가슴 중심(감정, 느낌)

다른 사람들과의 인간관계를 중요시하고 남들에게 인정받으려는 욕구가 많아서 겉으로 보이는 이미지에 관심을 가진다. 이러한 행동의 기저에는 자신의 가치를 인정받지 못해서 소외당하거나 경쟁에서 낙오되는 것에 대한 두려움이 깔려 있다. 이들은 소외당하거나 인정받지 못하면 수치심이나 서운함을 느낀다. 그래서 이들은 감성적, 은유적, 비교적인 성향을 보인다.

(3) 머리 중심(사고, 이성)

상황과 정보를 중요시하며 안전을 지키고 대비하려는 욕구가 많아서 안정된 일이나 새로운 정보를 쌓는 데 관심을 가진다. 이러한 행동의 기저에는 무지해서 위험에 처하거나 보금자리를 침해당하는 것에 대한 두려움이 깔려 있다. 이들은 알지 못하는 것, 고통을 받는 것에 대한 불안감을 갖고 있다. 이들은 이성적, 논리적, 객관적인 성향을 보인다.

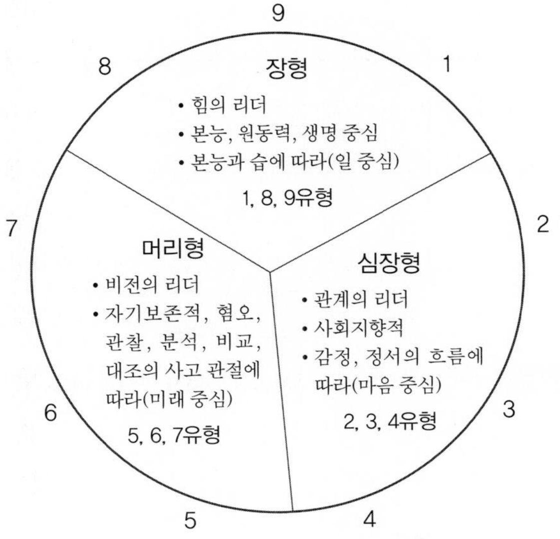

그림 4-4 에니어그램의 세 가지 힘의 중심

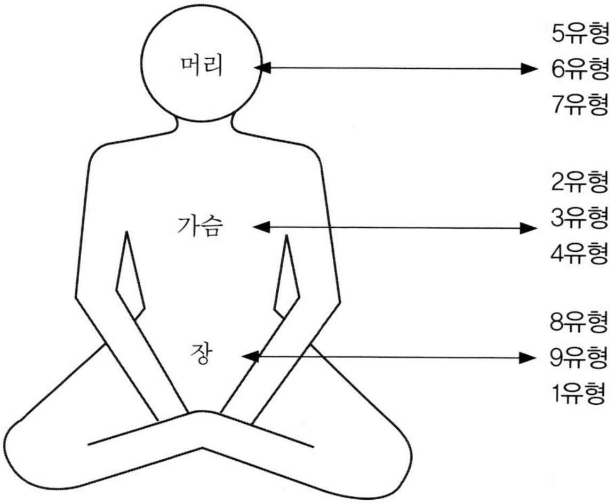

그림 4-5 힘의 3중심의 에너지 방향과 아홉 개의 발달 수준

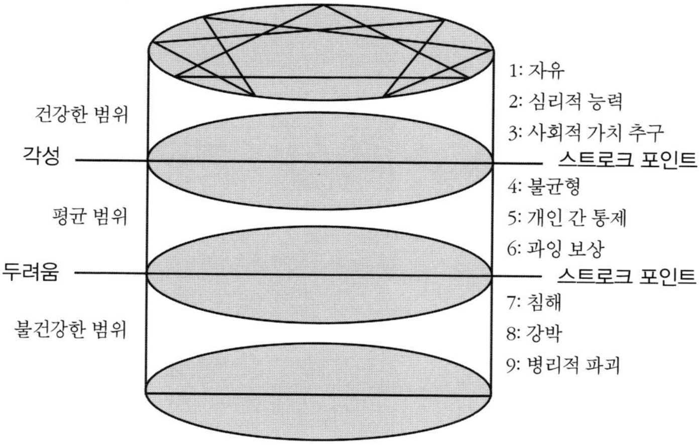

그림 4-6 에니어그램의 힘의 3중심의 에너지 방향과 아홉 개의 발달 수준

3) 에니어그램의 9가지 유형

에니어그램의 각 유형은 다음과 같다.

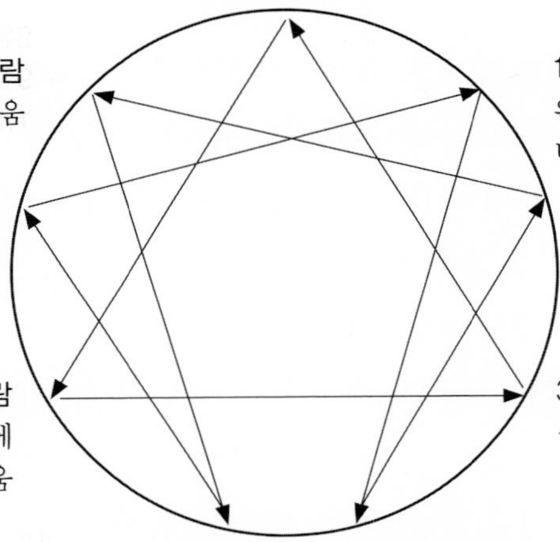

그림 4-7 에니어그램의 9가지 유형

(1) 1유형

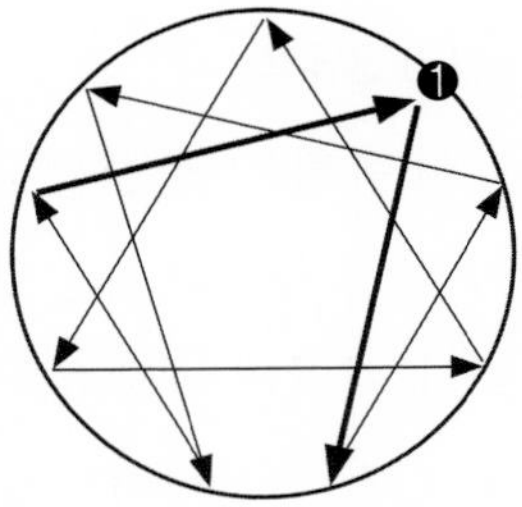

이 유형은 '완벽을 추구하는 사람'으로서 이성적이고 완벽주의적이며 스스로의 이상을 실현하기 위한 노력을 아끼지 않는다. 특히 이 유형은 부도덕함과 결함이 있는 것에 두려움을 지니기 때문에 완벽하고 올바른 것에 매우 집착한다. 따라서 이러한 특징으로 인해 '완벽주의자', 혹은 '개혁가'라는 별칭을 가지고 있다.

장점은 매사에 완벽함을 추구하고 믿음직하며 끝맺음이 정확하고 공정하고 정직하며 깔끔하다는 점이다.

단점은 사소한 일에 걱정이 많고, 흠잡기를 좋아한다는 점이다. 또한 집착이 심하고 비판적이며 때로는 독선적이고 완고하다. 인간관계를 별로 중요시하지 않는다.

(2) 2유형

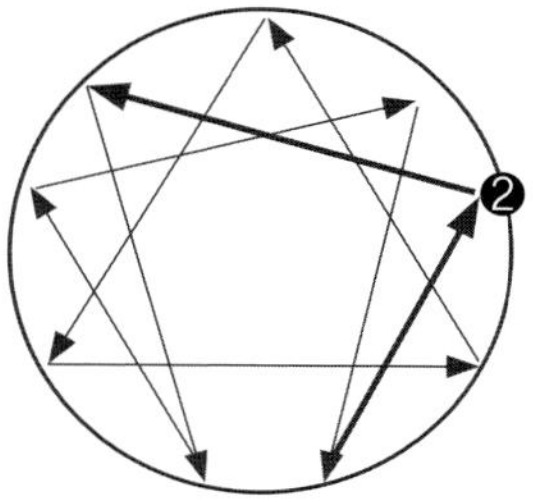

이 유형은 '타인에게 도움을 주려는 사람'으로 매우 사교적이고 남을 도와주기 좋아하는 유형으로서 타인들의 반응에 민감하기 때문에 남들의 기분을 이해하고 잘 맞춰 준다. 이들은 자신이 사랑받지 못하는 것에 대한 두려움으로 인해 자신이 사랑받기 위해서 남에게 베푸는 데 매우 집착하여 '조력가'라는 별칭을 가지고 있다.

장점은 정이 많고 마음이 넓고 눈치가 빠르며, 타인에게 친절하고 세심하다는 점이다. 그리고 다른 사람들의 기분을 잘 이해하고 칭찬해 준다.

단점은 남을 돌보느라 자신의 문제를 보지 못하고 헌신의 뒷면에 대가를 바란다는 욕구가 있다는 점이다. 감정이 너무 강해 논리적이지 못하고 히스테리가 심한 경향이 있고 타인을 독점하려 한다.

(3) 3유형

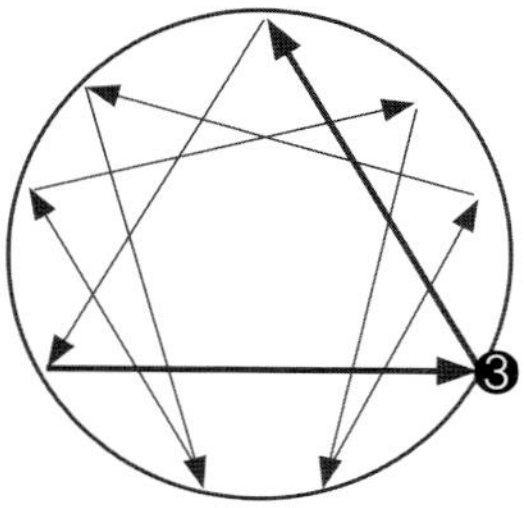

이 유형은 '성공을 추구하는 사람'으로서 야망이 있고 성공과 유능함을 추구하여 자신의 역할이나 지위에 대해 주목받기를 원한다. 실용적이고 실적 중심적이므로 성공을 위해서는 자신의 희생도 불사하기도 하고 자신의 감정을 내려놓는 경향도 있다. 자신이 가치 없는 사람이라는 것에 대한 두려움이 있으며 성공에 집착하여 '성취자', 혹은 '선동가'라는 별칭을 가지고 있다.

장점은 자신감이 많아서 정열적이며 유능하고 어디서나 주목받으며 판단력과 화술이 뛰어나다는 점이다.

단점은 겉치레를 중시하며 지나치게 성공에 집착한다는 점이다. 주변 인물을 등한시하는 경향이 있다.

(4) 4유형

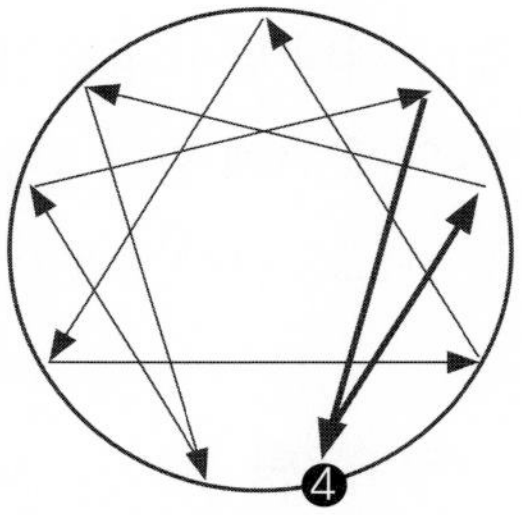

이 유형은 '특별한 존재를 지향하는 사람'으로서 자기중심적이며 예술적인 성향으로 독특한 것을 추구하는 유형이며, 미적 표현이 뛰어나다. 평범하고 일상적인 것을 거부하고 자기를 꾸미는 데 많은 에너지를 소모한다. 이들은 인정받지 못하는 것에 대한 두려움을 지니고 있다. 타인에게 인정받기 위해 특별한 사람이 되고자 하며 '예술가', 혹은 '개인주의자'라는 별칭을 가지고 있다. 이들은 수줍음이 많으며 감동적인 것을 추구한다.

장점은 감수성이 풍부하고 따뜻하고 이해심이 많으며, 독창적이고 개성이 뚜렷하고 예술적 재능이 있다는 점이다.

단점은 내성적이며 사소한 일에도 쉽게 상처받고 우울해하며 쉽게 고민에 빠진다. 질투심이 심하고 감정의 기복이 심하며, 때로는 자신에게 지나치게 몰입해서 다른 사람에게 무심하다는 점이다.

(5) 5유형

이 유형은 '지식을 얻고 관찰하는 사람'으로서 통찰력이 뛰어나 지식을 탐구하는 것을 좋아하는 유형으로서 객관적이고 관찰력이 뛰어나다. 혼자 있는 것을 즐기며 말수가 적고 조심스러운 행동을 보이며, 혼자만의 시간과 공간을 중요시한다. 자신이 무능한 사람이라는 것에 대한 두려움이 있다. 특히

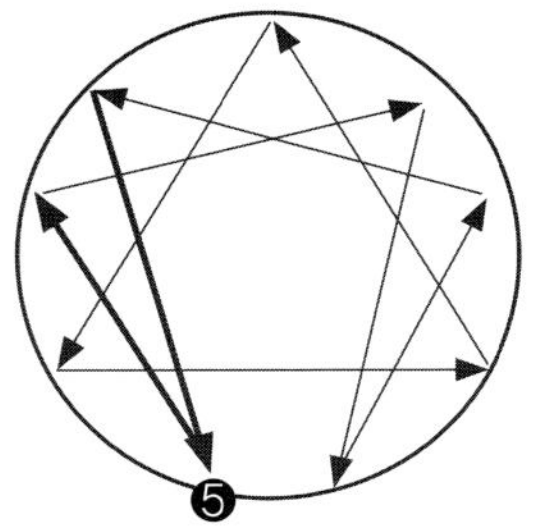

유능한 사람이 되기 위해 지식과 정보 수집에 집착하며 '사색가', 혹은 '관찰자'라는 별칭을 가지고 있다.

장점은 지식이 풍부해서 현명하고 통찰력과 자제력이 뛰어나며 분석적이고 객관적이며 현명하다는 점이다. 또 때로는 지적이고 사려가 깊다.

단점은 내성적이고 소극적이며 타인들과 지식을 나누기를 아까워하고, 고집이 세며 남의 흠잡기를 좋아한다는 점이다. 때로는 자신이 참여하지도 않은 일에 대해 판단 먼저 하고, 행동하기 전에 항상 생각은 하지만 생각을 너무 하느라 막상 행동으로 옮기지 못할 때가 많다.

(6) 6유형

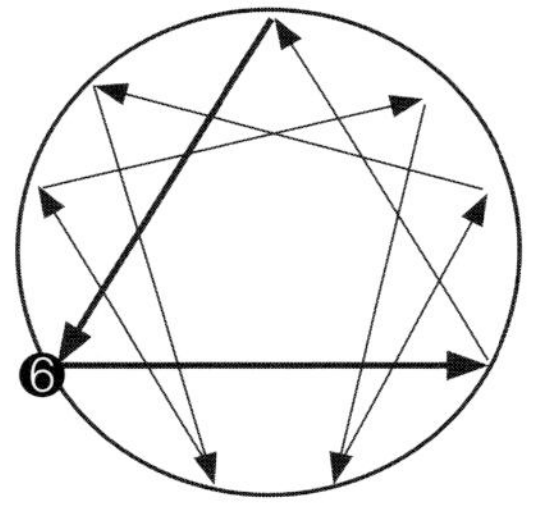

이 유형은 '안전을 추구하는 충실한 사람'으로서 책임감이 강하지만 폐쇄적이고 겁이 많으며, 짜여진 틀에 잘 적응하는 유형이다. 친구에게 충실하고 협동심이 강하고 주위로부터 믿음직스럽다는 이야기를 많이 듣는다. 이들은 다른 사람의 도움을 받지 못하는 것에 대한 두려움이 있다. 따라서 자신을 옳은 방향으로 인도해 줄 사람에게는 충성심을 보여 '충성가'라는 별칭을 가지고 있다.

장점은 정이 많아서 주변 사람들과 잘 지내고 호감을 준다는 점이다. 규범과 규칙을 잘 지키고, 특히 공동체의식이 강하고 정이 많고 다른 사람을 잘 돌보며 책임감이 있다.

단점은 자기방어가 심하고 지나치게 신중하며 피해망상적이라 확실한 것이 아니면 절대 하지 않는다는 점이다. 또한 융통성이 없고 화를 잘 낸다. 자신감과 주체성이 없이 남이 시키는 대로만 하려고 한다. 우유부단하며 보수적이고 자립심이 부족하다.

(7) 7유형

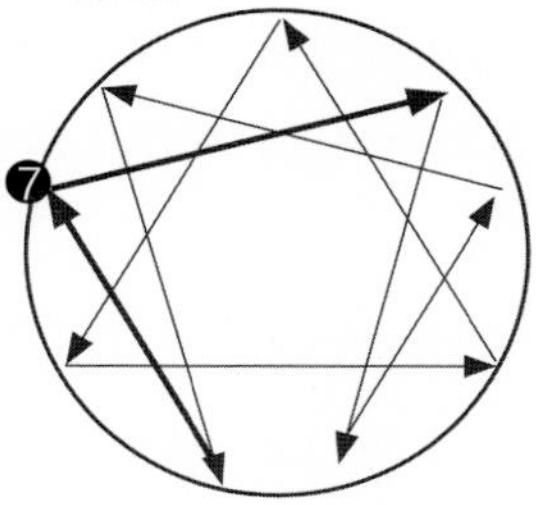

이 유형은 '즐거움을 추구하고 계획하는 사람'으로서 낙천적이고 명랑하고 쾌락과 재미를 추구하며 아이디어가 넘치는 유형이다. 아이디어는 많지만 그 아이디어의 질을 생각하지 않고 도전하기를 좋아하며 남다른 재능이 많다. 이들은 고통받는 것에 대한 두려움이 있고 자신이 고통받지 않고 불행해지지 않기 위해 어떤 일에서든 즐거움을 찾으려고 노력하며 '낙천가', 혹은 '만능가'라는 별칭을 가지고 있다.

장점은 상상력과 호기심이 많고 항상 남들을 즐겁게 해 주며, 자신감과 자주성이 강하고 매우 건설적이며 새로운 변화를 추구한다는 점이다.

단점은 지나치게 자기도취적이고 충동적이며, 한 가지에 오래 집중하지 못한다는 점이다. 인간관계에서 깊이 있게 사람을 사귀지 못하고 쉽게 열광적인 상태에 빠지기도 하며, 고통에 대한 공포가 지나치게 심하다.

(8) 8유형

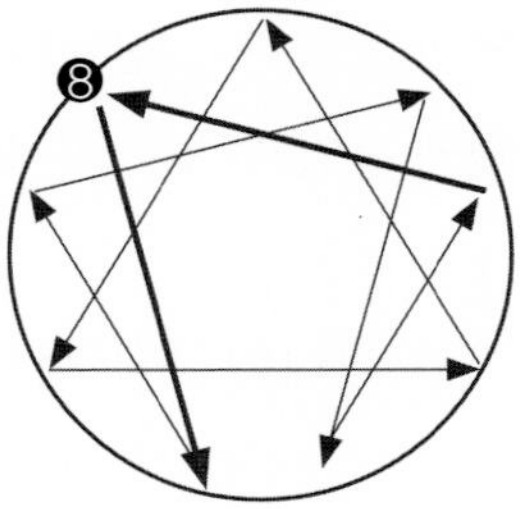

이 유형은 '강함을 추구하고 자기를 주장하는 사람'으로 자신이 옳다고 생각하는 것에 대해서는 모든 것을 걸고 싸울 준비가 되어 있을 정도로 리더십이 강하고 권력과 승리를 추구하는 유형이다. 늘 자신의 힘을 발휘할 수 있는 위치에 올라가려고 노력한다. 이들은 통제당하는 것에 대한 두려움이 있으며 남을 통제하는 데 집착하여 '지도자'라는 별칭을 가지고 있다.

장점은 단도직입적이고 단호하며 권위적이라는 점이다. 게으름을 피우지 않고 상대방에게 안정감을 주며 자신감이 넘치고 성실하다.

단점은 지나치게 반항적이고 오만하며 고집이 세다는 점이다. 자신이 원하는 것만을 중요하게 생각하여 절대 자신의 행동을 부끄러워하지 않는다. 특히 자신의 약점과 한계를 인정하지 않다 보니 파괴적이고 독재적이다. 따라서 자신을 지키려 하기 때문에 동료를 쉽게 버린다.

(9) 9유형

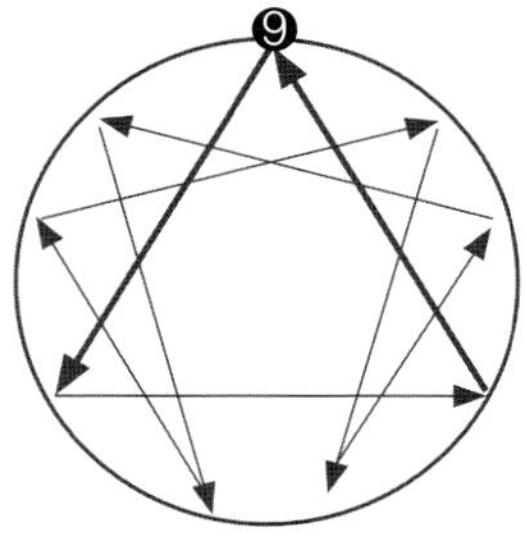

이 유형은 '조화와 평화를 바라는 사람'으로서 타인에 대한 편견이 없고 냉정하게 생각하기 때문에 다른 사람의 고민을 잘 들어 주는 넓은 포용력을 가진 유형이다. 갈등을 피하는 유형이며 어떤 상황이 와도 불만을 표출하지 않으며 언제나 만족감에 차 있다. 이들은 혼자 남겨지는 것에 대한 두려움이 있다.

특히 친구와 동료를 잃지 않기 위해 집착하여 '조정자' 혹은 '평화주의자'라는 별칭을 가지고 있다.

장점은 인내심이 강하고 붙임성이 있고 온순하며, 포용력이 많고 사람에 대한 편견이 없으며 매사에 타인의 입장에서 생각한다는 점이다.

단점은 자신에게 정작 무관심하여 현실적인 대처능력이 부족하고 강박관념이 심하다는 점이다. 자신의 의견을 표현하기보다는 타인에게 지나치게 쉽게 동일시한다. 자아존중감이 낮고 게으르고 나태하다.

4) 에니어그램 검사의 장점

에니어그램 검사의 장점은 다음과 같다.

첫째, 삶의 에너지가 균형을 이루게 하여 진정한 자기 자신을 발견하도록 안내하며, 궁극적으로는 통찰을 통한 지혜와 깨달음을 얻는 것을 통해 개인적으로는 마음의 평화(심리적 자유)를 얻도록 한다.

둘째, 검사를 통해 자신의 성격 개선과 커뮤니케이션 기술을 통해 평생(생애) 인격 개발, 가족이나 주변 사람들의 인간적 이해를 하게 하여 대인관계를 개선한다.

셋째, 내면을 바라보는 자신의 마음속에 있는 무한한 잠재능력을 개발하고, 쓸데없는 아집이나 집착을 버리게 하여 아홉 가지 성격을 균형 있게 발전시키고 통합을 이루어 전인적 인간을 지향한다.

넷째, 인간의 마음을 억압하고 있는 것으로부터 자신을 해방하고 변화의 가능성을 발견하게 함으로써 자기 계발, 자기 혁신을 통해 가족 계발과 공동체 · 조직 · 사회 개발의 통합적 도구로서 활용하게 한다.

다섯째, 삶의 궁극적 목적인 자아실현을 도모하게 한다.

5) 나의 에니어그램 유형 진단

다음 항목에 대한 대답을 보기에서 골라 문항 옆에 있는 흰색 네모 칸에 점수를 기입해 보자.

보기	매우 부정	약간 부정	보통	약간 긍정	매우 긍정
	1	2	3	4	5

	항목	A	B	C
1	나는 감성적이어서 혼자 있을 때가 많다.			
2	나는 다른 사람들과 함께 일하기를 더 좋아한다.			
3	나는 혼자서 자신만의 고상한 취미를 즐긴다.			
4	나의 관심사는 다른 사람들을 도와주는 것이다.			
5	나는 나의 능력을 발휘하는 데 많은 시간을 투자한다.			
6	나는 낭만적이고 예술가적인 기질이 있다.			
7	나는 사람들을 지나치게 칭찬한다.			
8	나는 내 생각보다는 남의 생각에 공감할 때가 많다.			
9	나는 과정보다는 결과가 중요하다.			
10	나는 인간중심적이기보다는 목표중심적이다.			
11	나는 내가 이방인처럼 느껴질 때가 있다.			
12	나는 적응력이 뛰어나 상황에 따라 적절히 대응한다.			
13	나의 다른 사람보다 독특한 감정을 가지고 있다.			
14	나는 때로 분위기에 따라 감정이 변한다.			
15	나는 지나치게 경쟁적이다.			
16	나는 친구들을 도와줄 때 기분이 좋다.			
17	나는 사람들에 대한 배려보다는 일의 성취를 더 중요하게 생각한다.			
18	나는 사람들을 관심 있게 대하고 잘 보살피는 편이다.			
19	나는 사람들과 친해지려고 많이 노력하고 있다.			
20	나는 마음이 따뜻하지만 때로는 질투심을 느낄 때도 있다.			
21	나는 성공만이 애정을 획득하는 길이라고 생각한다.			
22	나는 맡은 일을 효율적으로 한다.			

23	나는 타인의 감정을 위해 자신을 희생하기도 한다.			
24	나는 감동적인 것을 추구하다가 혼자 우울해지기도 한다.			
25	나는 타인의 호감을 얻기 위해 노력(아첨)한다.			
26	나는 뒤떨어지지 않기 위해 무엇인가를 끊임없이 행한다.			
27	나는 평범한 삶의 방식을 싫어한다.			
	점수			
	구분	A	B	C

	항목	D	E	F
28	나는 무엇인가에 집중하여 생각한다.			
29	나는 자발적으로 재미있는 일을 즐긴다.			
30	나는 문제가 있으면 풀릴 때까지 그것만 골똘히 생각한다.			
31	나는 공적인 것보다는 개인생활에 대한 관심이 많다.			
32	나는 모험적이다.			
33	나는 끊임없이 변화하는 생활을 좋아한다.			
34	나는 명확한 지침이 있을 때 일의 능률이 오른다.			
35	나는 사랑하는 사람을 가끔 의심하는 경향이 있다.			
36	나는 자극이나 흥분을 유발하는 활동을 좋아한다.			
37	나는 분석적인 사고를 가지고 있다.			
38	나는 때때로 어린아이처럼 유쾌하다.			
39	나는 가끔 자신을 부정하거나 의심한다.			
40	나는 시간이나 돈을 아끼는 경향이 있다.			
41	나는 소속 집단에 협력하여 책임감을 발휘한다.			
42	나의 관심사는 나를 둘러싼 세계를 이해하는 것이다.			
43	나는 모든 일에서 안전을 중요하게 생각한다.			
44	나는 스스로 고립하여 고민하기도 한다.			

45	나는 낙천적으로 세상을 살아간다.			
46	사람들은 나에게 용기가 필요하다고 말한다.			
47	나는 여러 가지 새로운 경험을 추구한다.			
48	나는 한 가지 일에 정착하기가 어렵다.			
49	나의 지적이며 냉철하게 관찰하는 편이다.			
50	나는 결과에 대한 두려움 때문에 일을 질질 끄는 경우가 있다.			
51	나는 머리로 모든 것을 이해하고 판단한다.			
52	나는 충성할 만한 사람에게는 헌신할 수 있다.			
53	나는 참을성이 없는 편이다.			
54	나는 친하게 지내는 사람과 영원한 우정을 유지하도록 노력한다.			
	점수			
	구분	D	E	F

항목		G	H	I
55	나는 매사에 수용적이다.			
56	나는 모든 일을 개선하려고 노력한다.			
57	나는 지도자로서의 기질이 있다.			
58	나는 게으른 편이다.			
59	나는 많은 일을 나의 뜻대로 결정하려고 한다.			
60	나는 모든 일이 순조롭게 되길 원한다.			
61	나는 속상한 일들을 축소하려고 한다.			
62	나는 때때로 분노를 느낀다.			
63	나는 늘 강해야 한다고 생각한다.			
64	나는 도덕적으로 자제력이 있는 사람이다.			
65	나는 사람들과 좋은 관계를 유지하려고 한다.			

66	나의 행동은 원칙에 기초를 둔다.			
67	나는 사람들을 지배하려는 경향이 있다.			
68	나는 완벽을 기하기 위해 끝까지 노력한다.			
69	나는 일을 과감하게 추진한다.			
70	나는 공격적으로 자기주장을 말한다.			
71	나는 친구의 의견에 잘 동조하는 편이다.			
72	나는 사람들을 통제하려 한다.			
73	나는 때때로 엄격하여 융통성이 없다.			
74	나는 사람들을 지시하여 동기를 부여한다.			
75	나는 세상의 일들과 조화롭게 흘러가고 싶다.			
76	나는 강한 자신감으로 사람들을 설득시킨다.			
77	나는 다른 사람들로부터 신임을 얻고 있다.			
78	나는 다른 사람들이 하는 일에 상관하지 않는 편이다.			
79	나는 옳고 그름이 분명하여 때로는 비판적이다.			
80	나는 조화로움을 추구하는 평화주의자이다.			
81	나는 주로 나의 양심과 이성에 따라 행동한다.			
	점수			
	구분	G	H	I

	A	B	C	D	E	F	G	H	I
점수									
순위									
유형	2유형	3유형	4유형	5유형	6유형	7유형	8유형	9유형	1유형

	2유형 조력가	3유형 성취자	4유형 예술가	5유형 탐구자	6유형 충성가	7유형 낙천가	8유형 지도자	9유형 중재자	1유형 개혁가		
											매우 높음
45											
										44	
43											
										42	
41											
										40	
39											
										38	평균 이상
37											
										36	
35											
										34	
33											
										32	
31											
										30	
29											
										28	평균
27											
										26	
25											
										24	
23											
										22	
21											
										20	
19											
										18	평균 이하
17											
										16	
15											
										14	
13											
										12	
11											
										10	
9											
											매우 낮음
힘의 중심	가슴(감정) 중심			머리(사고) 중심			장(본능) 중심			힘의 중심	

나의 성격 유형		힘의 중심	
나의 날개		나의 분열 · 통합 방향	분열 ( ) ⇒ 통합 ( )

출처: 한국 에니어그램 협회 홈페이지. http://www.ieakorea.com/index/

앞의 에니어그램 9가지 유형에 대한 분석을 살펴보면 가장 먼저 인간의 성격이란 개인이 환경에 따라 반응하는 특징적인 양식을 의미한다는 것을 알 수 있다. 이러한 성격은 타인과 구별되는 사고와 감정 및 행동방식의 총체이다. 그렇다면 앞에서도 언급했듯이 인간의 성격은 개인들 간에 존재하는 성격의 차이는 유전에 의한 것인가, 아니면 환경의 차이, 즉 개인에게 주어지는 환경 자극의 차이에 기인하는 것인가? 많은 연구자는 성격에 관해 유전과 환경의 상호작용에 의해 형성된다고 하였다.

4 나 알기의 세 번째 단계: 대인관계에서 나의 특성 파악하기(MBTI 진단)

융(Jung)에 의하면 인간은 태어날 때부터 자신의 성격유형을 형성하는 바탕이 되는 선호경향을 타고난다고 하였다. 따라서 이것을 알면 자신의 성격을 이해하고 수용하며 발달, 성숙시키는 데 도움이 된다. MBTI 검사는 융의 이론에 기반을 두어 캐서린 쿡 브릭스(Katharine Cook Briggs)와 이사벨 브릭스 마이어스(Isabel Briggs Myers)에 의해 개발된 자기보고식 성격유형지표로서 사람들의 차이점과 갈등을 이해하고자 하는 자서전 연구를 통한 성격 분류로 시작되었다. 이후 여러 이론을 접하면서 인간관찰에 대한 본격적인 연구가 시작되었다. 특히 인간의 인식과 판단에 대한 융의 심리적 기능이론, 그리고 인식과 판단의 방향을 결정짓는 융의 태도이론을 바탕으로 하여 제작되었다. 먼저 융의 심리유형론은 인간행동이 그 다양성으로 인해 종잡을 수 없는 것 같이 보여도, 사실은 일관된 경향성의 존재 유무에 의해 출발하였으나 인식과 판단에 대한 융의 심리적 기능이론, 그리고 인식과 판단의 향방을 결정짓는 융의 태도 이론을 바탕으로 하여 제작되었다. 또한 개인이 쉽게 응답할 수 있는 자기보고(self report) 문항을 통해 인식하고 판단할 때의 각자 선호하는 경향을 찾고, 이러한 선호 경향들이 하나하나 또는 여러 개가 합쳐져서 인간의 행동에 어떠한 영향을 미치는가를 파악하여 실생활에 응용할 수 있도록 제작된 심리검사이다.

현재까지 이 MBTI는 세계에서 가장 많이 쓰이고 있으며 이 MBTI 검사의 저작권을 소유하고 시행하는 CPP사는 검사 비용으로만 매년 2,000만 달러(한화 약 200억 원)를 벌어들인다. 그러나 유일한 문제는 '아무런 근거가 없다'는 점이다. 많은 학자의 연구 결과 MBTI 검사는 완전히 무의미하다는 것이다. 펜실베이니아 주립대학교의 조직심리학자 아담 그랜트(Adam Grant)는 'MBTI 검사의 한계'라는 연구발표를 통해 MBTI 검사에 대해 "MBTI 검사로 측정된 성격은 당신이 어떤 상황에 처했을 때 얼마나 행복해할지, 당신이 회사에서 얼마나 일을 잘할지, 당신의 결혼 생활이 얼마나 행복할지 전혀 예측할 수 없다"라고 말했다. 이후에도 그랜트를 포함한 심리학자들은 이 MBTI의 4가지 범주가 모두 이러한 이유들로 여러 문제를 가지고 있고, 이러한 범주가 서로 다른 성격유형을 구별하는 효과적인 방법이 아니라고 발표하였다. 이처럼 MBTI 검사에서 얻어진 결과조차도 대부분의 사람이 어느 한 범주에서 중간 값에 가까운 값을 가지고 있고, 결국 그 값이 최종적으로 어느 한쪽에 완전히 치우친 것처럼 표현되는 것을 볼 수 있다. 이러한 결과들은 많은 심리학자가 '성격 특성'에서 '성격 상태' 이론으로 넘어간 이유이다. 이러한 이유로 환자에게 MBTI 검사를 시행하는 심리학자를 찾기가 매우 힘들다. 그리고 또 다른 문제는 MBTI 검사의 결과인 〈표 4-2〉에서는 '이기적임' '게으름' 또는 '평균적임' 같은 단어를 어디에서도 찾아볼 수 없다는 점이다. 단지 검사를 받는 사람이 어느 유형의 성격이든 상관없이 그저 '예언자형' '과학자형' '지도자형' 같이 좋은 문구의 설명으로 나타내고 있다. 한편, 심리학자들의 무시와 반대에도 세계의 기업들은 오랜 세월동안 이러한 검사를 아무런 근거 없이 사용하고 있다. 이러한 MBTI 검사의 목적은 사람들을 분류하기 위해서 만들어진 검사가 아니라 검사를 받은 후 사람들이 행복함을 느끼도록 해 주기 위해 만들어진 검사일 뿐인데도 말이다.

다음은 MBTI 4가지 유형의 기능 특징을 설명한 것이다.

- 에너지의 방향–E(외향성)/I(내향성): 사람들을 활력의 원천으로 선택하는 사람은 아마도 외향성을 선호할 것이다. 반면, 기력의 회복을 위해 혼자서 조용한 시간을 선택하는 사람은 내향성으로 기우는 경향이 있다.
- 인식기능–S(감각)/N(직관): 선천적으로 직관을 선호하는 사람은 자신을 혁신적인 사람으로 묘사하는 반면, 선천적으로 감각을 선호하는 사람은 자신을 실질적인 사람으로 묘사할 것이다.
- 판단기능–T(사고)/F(감정): 융은 비개인적인 선택 기준을 사용하는 사람들을 사고 유형이라고 불렀으며, 개인적 선택기능을 사용하는 사람들을 감정 유형이라고 불렀다.
- 생활양식–J(판단)/P(인식): 개방적 선택에 반해 종결을 택하는 사람은 판단 유형에 속할 것이다. 상황을 개방적이고 유동적인 상태에 두기를 선호하는 사람은 아마 인식 유형에 속할 것이다.

표 4-1 MBTI 4가지 선호지표

지표	선호 경향	지표
외향(E)	에너지의 방향은 어느 쪽인가?	내향(I)
감각(S)	무엇을 인식하는가?(정보수집)	직관(N)
사고(T)	어떻게 결정하는가?(판단,결정)	감정(F)
판단(J)	채택하는 생활양식은 무엇인가?(생활양식)	인식(P)

다음은 유형별 특징에 관한 설명이다.

표 4-2 MBTI 유형별 특징

ISTJ	ISFJ	INFJ	INTJ
세상의 소금형	임금 뒤편의 권력형	예언자형	과학자형
ISTP	ISFP	INFP	INTP
백과사전형	성인군자형	잔다르크형	아이디어 뱅크형
ESTP	ESFP	ENFP	ENTP
수완 좋은 활동가형	사교적인 유형	스파크형	발명가형
ESTJ	ESFJ	ENFJ	ENTP
사업가형	친선도모형	언변능숙형	지도자형

다음의 MBTI 간이검사지를 이용하여 자신의 유형을 알아보자.

MBTI 성격유형 간이테스트

※ 문제를 읽고, 각 번호의 왼쪽과 오른쪽 문항 중 자신을 더 잘 설명하는 문항에 ✓표시를 합니다. 더 많은 ✓가 표시된 쪽이 당신의 유형입니다.

NO	E 유형	표시	I 유형	표시
1	다른 사람들과 활동적으로 시간 보내기를 즐긴다.		조용하고 혼자 사색에 잠기기를 즐긴다.	
2	모르는 사람과의 만남, 낯선 자리에서도 즐길 수 있다.		혼자 있거나 잘 아는 사람과 있기를 좋아한다.	
3	모든 사람의 관심과 초점이 자신에게 향할 때도 크게 긴장하지 않는다.		타인의 관심과 초점이 마치 속박처럼 느껴진다.	
①	나의 에너지 방향은? ☐			

NO	S 유형	표시	N 유형	표시
4	사실적이고 정확하다는 말을 자주 듣는 편이다.		상상력이 풍부하다는 말을 자주 듣는 편이다.	
5	구체적이거나 실질적인 것을 좋아한다.		추상적이거나 이론적인 것을 좋아한다.	
6	숲보다 나무를 보는 편이다.		나무보다 숲을 보는 편이다.	
②	나의 에너지 방향은? □			

NO	T 유형	표시	F 유형	표시
7	사실과 자료에 대한 체계적 분석을 근거로 사람을 평가한다.		감정 또는 상대와 나의 관계를 고려하여 사람을 평가하는 편이다.	
8	남들은 나를 생각이 깊은 사람으로 여긴다.		남들은 나를 감정이 풍부한 사람으로 여긴다.	
9	감정이 개입되지 않은 논리적 추리와 분석을 통해 결론을 짓는 편이다.		지난 경험 또는 사람들에 대해 내가 느끼는 바에 따라서 결론을 짓는 편이다.	
③	나의 에너지 방향은? □			

NO	J 유형	표시	P 유형	표시
10	계획을 세워서 그것을 따르려고 하는 편이다.		제한 또는 시한을 정해 주는 것을 싫어한다.	
11	전체 윤곽에 기초를 두고 미리 계획을 세운다.		수행하기 바로 전 상황에 따라 계획을 세운다.	
12	목적은 체계적이고 분명한 방향이 있어야 한다.		목적은 상황에 따라 변화될 수 있다.	
④	나의 에너지 방향은? □			

■ 앞에서 선택한 4가지 유형의 알파벳을 써 보세요(ex. ISTJ, ENFP 등)

①	②	③	④

MBTI 성격유형에 따른 추천 전공/직업

ISTJ(책임형)	ISFJ(충성형)	INFJ(사색형)	INTJ(자립형)
• 행정학/경영학/경제학/수의학/치의학/수학/산업공학 • 회계사/은행원/법률가/감사직/경찰직/	• 비서학/호텔경영학/경제학/문헌정보학/유아교육 • 비서/초등교사/상담교사/인사담당자	• 심리학/사회복지/산업심리학/광고홍보학/미술학/신학 • 심리상담사/성직자/디자이너/조직개발담당자/극작가	• 문학/디자인/건축공학/교육학/경영학/법학 • 건축가/프로그래머/대학교수/경영컨설턴트/기자/판사/변호사
ISTP(실리형)	**ISFP(예술형)**	**INFP(이상형)**	**INTP(개념형)**
• 법학/경제학/전산학/농학/사회체육/대체의학/목공 • 프로그래머/물리치료사/은행원/법무사/승무원/상업미술가/코치	• 무용/미술/초등교육/간호학/생물학/조경학/기계공학 • 조경사/도예가/화가/미용사/경찰/초등교사/간호사/컴퓨터기사	• 연극영화/디자인/미술/심리학/사회복지/교육학/신학/경영학 • 작가/배우/디자이너/심리상담가/교육컨설턴트/성직자/사회사업가	• 의예과(신경 · 정신 · 성형)/약학/물리학/경제학/법학/건축공학/고고학/수학 • 프로그래머/건축가/변호사/경제학자/발명가/신경 · 성형외과의사
ESTP(자발형)	**ESFP(관대형)**	**ENFP(낙관형)**	**ENTP(발명형)**
• 사회과학계열/체육학/조리학 • 경찰/소방관/형사/은행원/주식딜러/보험영업직/경기 중계자/기업가/요리사	• 유아교육/초등교육/체육학/간호학/사회복지/사진학/연극영화/비서학 • 초등교사/코치/간호사/여행기획자/이벤트기획자/비서/승무원/사회사업가	• 연극영화/디자인/광고홍보학/경영학/심리학/재활의학/신학 • 광고기획자/카피라이터/만화가/배우/극작가/주택관리사/심리학자/성직자	• 행정학/경영학/광고홍보학/언론학/사진학 • 기업컨설턴트/언론인/사진사/배우/정치인/정치 분석가/컴퓨터시스템분석
ESTJ(불변형)	**ESFJ(조화형)**	**ENFJ(설득형)**	**ENTJ(위엄형)**
• 기계공학/경영학/의예과/치의예과/교육학/행정학 • 경찰/교사/엔지니어/은행원/치과 · 외과의사/판사/경영자/약사/농부	• 간호학/교육학/심리학/광고홍보학/의예과/치의예과 • 초등교사/특수교사/홍보대행 · 텔레마케터/미용사/승무원/안경사/간호사	• 언론홍보/심리학/신학/교육학/사회학/정치외교/도서관학 • 인력개발/PD/외교관/정치인/교사/사서/심리상담가/퍼실리테이터	• 회계학/교육학/법학/행정학/경영학 • 투자브로커/재무분석가/신용분석가/경영자/판사/검사/변리사/세무사/정치인

활동

생각 나누기

1. 나의 MBTI 유형은 무엇인지 적어 보자.	
2. 나를 다른 사람들에게 소개한다면?	
3. 나의 장점은 무엇인가?	
4. 나의 단점은 무엇인가?	
5. 내가 잘하는 일은 무엇인가?	
6. 내가 힘들어하는 일은 무엇인가?	
7. 평소 MBTI 유형에 관해 어떻게 생각하였는가?	

제 **5** 장

끌림과 설렘, 울림과 어울림의 대인관계 기반 다지기의 두 번째 단계: 나와 상대방 알기

1 너와 나의 시선으로 바라보라: 조하리의 창

1) 조하리의 창 이해

"세상에서 가장 어려운 일이 뭔지 아나?"

"흠, 글쎄요. 돈 버는 일? 밥 먹는 일?"

"세상에서 가장 어려운 일은 사람의 마음을 얻는 일이란다. 각각의 얼굴만큼 다양한 각양각색의 마음을……. 순간에도 수만 가지의 생각이 떠오르는데 그 바람 같은 마음이 머물게 한다는 건 정말 어려운 거란다."

생텍쥐페리의「어린왕자」에 나오는 구절이다. 여기서 의미하는 마음이란 과연 무엇일까? 나를 향한 나의 마음? 타인을 향한 나의 마음? 나를 향한 타인의 마음? 우리는 자신의 마음을 알아주고 자신의 말에 귀를 기울여 주고 공감해 주는 사람을 좋아한다. 그것은 마음과 마음을 서로 나누면서 관계를 이어 간다는 의미이다.

인간관계에서 나 자신을 다른 사람에게 내보이는 일은 매우 중요하다. 이를 자기공개(self-disclosure)라고 한다. 자기공개라는 용어는 1950년대 쥬라드(Jourard)에 의해 가장 먼저 사용되기 시작하였는데, 쥬라드와 라사코우(Jourard & Lasakow, 1958)는 자기공개를 '자기 자신을 다른 사람이 알도록 하게 하는 과정'이라고 정의하였다. 자기공개의 효과는 다음과 같다.

첫째, 타인에게 마음의 문을 열게 하여 상호 신뢰감을 높이고 서로 간의 인간관계를 촉진해 준다.

둘째, 자신의 일에 더욱 몰입할 수 있게 한다.

셋째, 당당하고 자신감 있게 매사를 이끌어 간다.

넷째, 어떤 상황에 대한 분노와 같은 감정을 토로하고 나면 편안한 감정을 느끼게 되고 이러한 과정이 치료의 효과로 연결된다.

사람은 누군가를 만나면 그 사람과 친밀감을 형성하기 위해서 그 사람이나 그 사람 주변의 정보를 궁금해한다. 조하리의 창은 타인에게 자신을 어떤 식으로 보여 주느냐에 따라 사람마다 차이가 있으며 주변 사람들 또한 그 사람에 대해 어떻게 느끼고 있는가에 관한 것이다. 이러한 대인관계를 설명하기 위해 조하리의 창을 사용하는 경우가 많다. 그 사람과의 지속적인 만남을 통해 그 사람이 어떤 사람이고 특징은 어떠한지를 알아 가는 과정을 거치면서 친밀한 관계를 형성하게 되는 것이다. 이 과정에서 친밀한 인간관계를 형성하기 위해서는 어떠한 문제가 발생할 때 그 문제를 해결하기 위해 상대방에게 그 상황을 전달하는 과정을 거치는데, 이 과정인 자기공개를 하게 되면 그 사람과 매우 가까워진다.

자기공개와 관련된 조하리의 창은 공개적 영역, 맹목의 영역, 숨겨진 영역, 미지의 영역으로 나뉜다. 이 네 가지의 영역을 세부적으로 살펴보면 다음과 같다.

- **공개적 영역**: 나도 알고 있고 다른 사람에게도 알려져 있는 자신(open self, 열린 자아)에 관한 정보를 의미한다.
- **맹목의 영역**: 나는 모르지만 다른 사람은 알고 있는 자신(blind self, 눈먼 자아)의 정보를 말한다.
- **숨겨진 영역**: 나는 알고 있지만 다른 사람에게는 알려지지 않은 자신(hidden self, 감추어진 자아)의 정보를 의미한다. 여기에는 자신의 약점이나 비밀처럼 다른 사람에게 숨기는 부분을 뜻한다.
- **미지의 영역**: 나도 모르고 다른 사람도 알지 못하는 자신(unknown self, 알 수 없는 자아)의 어떤 부분을 의미한다. 심층적이고 무의식의 정신세계처럼 우리 자신에게 알려져 있지 않은 부분이 미지의 영역에 해당한다. 그러나 자신의 행동과 정신세계에 대한 지속적인 관심과 관찰을 통

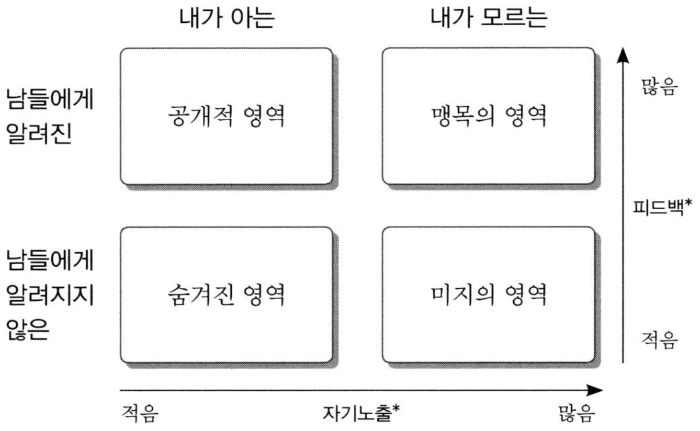

*피드백(feedback): 나는 나에 대해 얼마나 알고 있는가?
*자기노출(expression): 나는 타인에게 얼마나 알려져 있는가?

그림 5-1 조하리의 창

해서 이러한 부분은 자신에게 의식될 수 있다.

사람마다 조하리의 창 모양이 다르다. 인간관계에 따라 자기공개 부분과 피드백의 정도를 나타내는 마음의 창을 구성하는 네 영역의 넓이가 달라진다. 어떤 영역이 가장 넓은가에 따라 크게 4가지 유형으로 구분될 수 있다.

- **개방형**: 공개적 영역이 가장 넓은 사람으로 인간관계가 원만한 사람들이다. 이들은 적절하게 자기표현을 잘할 뿐만 아니라 다른 사람의 말도 잘 경청할 줄 아는 사람들로서 다른 사람에게 호감과 친밀감을 주게 되어 인기가 있다. 그러나 지나치게 공개적 영역이 넓은 사람은 말이 많고 주책스럽고 경박한 사람으로 비칠 수도 있다.
- **자기주장형**: 이들은 자신의 기분이나 의견을 잘 표현하며 나름대로의 자신감을 지닌 솔직하고 시원시원한 사람일 수 있다. 그러나 이들은 다른 사람의 반응에 무관심하거나 둔감하여 때로는 독단적이며 독선적인 모

습으로 비칠 수 있다. 자기주장형은 다른 사람의 말에 좀 더 진지하게 귀를 기울이는 노력이 필요하다.

- **신중형**: 숨겨진 영역이 가장 넓은 사람이다. 이들은 다른 사람에 대해서 수용적이며 속이 깊고 신중한 사람들이다. 다른 사람의 이야기는 잘 경청하지만 자신의 이야기는 잘 하지 않는 사람들이다.
- **고립형**: 이 유형에 속하는 사람들은 인간관계에 매우 소극적이며 혼자 있는 것을 좋아한다. 고집이 세고 주관이 지나치게 강한 사람도 있으나 고민이 많고 혼자 생각하는 경향성을 띠며 부적응적인 삶을 살아가는 사람들이 많다. 이 유형은 인간관계에 좀 더 적극적이고 긍정적인 태도를 가지고, 인간관계의 개선을 위해서 미지의 영역을 줄이고 공개적 영역을 넓히는 것이 좋다.

2) 의사소통 시 개방이 필요한 영역

의사소통에서는 사실, 감정, 욕구, 생각(가치관, 신념)이 포함되므로 조하리의 창에서 이 4가지를 소통하는 것이 필요하다.

첫째, 사실(fact)이다. 사실에 대하여 본인이나 상대방이 인지한 대로 정확하게 개방하는 것이 필요하다. 일전에 지인 중의 한 사람이 마트에서 '오징어수건'을 사 오라는 부탁을 받았는데 실제로 오징어와 수건을 각각 사 왔다고 한다. 이처럼 아는 사실이라고 하더라도 개인이 알고 있는 정보가 다를 수 있으므로 이를 명료하게 확인하는 것이 필요하다.

둘째, 사실에 대한 감정(feeling)이다. 사실에 대해서 느끼는 감정은 개인마다 다를 수 있다. 따라서 자신의 감정에 대해서 솔직하게 개방하고 타인의 감정에 대해서 진정성 있게 수용하는 것이 필요하다. 다음 사례를 통해 감정의 변화에 대해 생각해 볼 수 있다.

스티븐 코비(Stephen Covey)가 뉴욕의 지하철에 탑승했었을 때의 일이다.

그때 지하철에는 사람들이 꽤 있었지만 매우 조용하고 평화스러운 상황이었다. 다음 정거장에서 한 중년 남자와 그의 아이들이 탑승한 순간, 아이들은 매우 큰 소리로 떠들고 제멋대로여서 전체 분위기가 금방 바뀌었다. 아이들과 탑승한 그 남자는 바로 스티븐 코비 옆에 앉았는데 아이들은 앞뒤로 왔다 갔다 하면서 큰 소리로 말하고, 물건을 팽개치고, 심지어는 어떤 사람이 읽고 있는 신문을 움켜잡기까지 하면서 소란을 피우고 있었다. 하지만 아이 아빠는 옆자리에서 그냥 조용히 앉아 있었다. 스티븐 코비는 이 남자가 자기 아이들이 저렇게 날뛰도록 내버려 두고, 자신은 가만히 있으면서 아무런 책임도 지지 않는 것을 이해할 수가 없었다. 그래서 도저히 참을 수 없어서 남자에게 이렇게 말했다고 한다. "선생님, 아이들이 저렇게 많은 사람에게 폐를 끼치고 있습니다. 아이들을 조용하게 할 수는 없겠습니까?" 그제야 이 남자는 처음으로 상황을 파악한 듯 다음과 같이 힘없이 말했다고 한다. "당신 말이 맞군요. 저도 뭔가 해야겠다고 생각합니다. 그런데 사실, 지금 막 병원에서 오는 길인데, 한 시간 전에 아이들의 엄마가 죽었습니다. 저는 지금 앞이 캄캄해서 무엇을 어떻게 해야 할지 모르겠고, 아이들 역시 이 일을 어떻게 해야 할지 막막한 것 같습니다……." 스티븐 코비는 이 말을 듣자마자 패러다임이 완전히 바뀌는 경험을 했다. 갑자기 상황을 다르게 보기 시작했고, 상황을 다르게 보았기 때문에 다르게 생각하게 되었고, 다르게 느끼게 되었기 때문에 다르게 행동하기 시작했다. 당시 스티븐 코비가 느꼈던 짜증은 바로 사라졌고, 화가 났던 자신의 태도나 행동을 어떻게 다스릴까 걱정할 필요도 없었다. 마음은 온통 이 사람이 가진 고통으로 가득 채워졌고, 동정심과 측은한 느낌이 자연스럽게 넘쳐 나왔다고 했다.

이처럼 동일한 상황에서 느끼는 감정은 다 다를 수 있다. 따라서 같은 사실에 대해서도 상대방의 감정이 다를 수 있다는 것을 인식하여야 하고, 대인관계에서 상호 간의 감정의 소통이 필요하다.

셋째, 사실과 감정의 이면에 숨어 있는 욕구(needs)에 대한 솔직한 소통이 필요하다. 다음과 같은 경험이 한 번쯤은 있을 것이다.

> 친구: 오늘 점심 같이 먹을래?
>
> 나: (인상 쓰며) 그래, 좋아.
>
> 친구: ……. (나랑 밥 먹기 싫은 걸까?)

이처럼 자신의 욕구를 숨긴 채 소통하는 것은 상호 간에 오해와 갈등을 초래하고 이후의 진정한 소통에 장애가 될 수 있다. 따라서 정확하게 자신의 욕구를 제시하는 것이 필요하며, 상대방의 욕구 또한 정확하게 파악해야 한다. 하지만 눈에 보이지 않는 욕구를 파악하는 것은 쉬운 일이 아니다. 일반적으로 쉽게 욕구를 판단할 수 있는 방법은 비언어적 메시지를 민감하게 알아차리는 것이다. 또한 자신과 상대방의 욕구 파악을 위해서는 어떤 의견에 대하여 5번 정도 연속적으로 왜(why)라고 질문하면서 근원적인 분석을 해 볼 수 있다. '5 why'는 '왜?'라는 질문을 연속적으로 다섯 번 던지는 것이다. 다섯 번에 큰 의미가 있는 것은 아니고 연속적으로 질문을 던지는 것이 5 why의 핵심이다. 물론 '5 why' 기법은 아이디어를 생각해 내고 문제를 해결하는 생각의 도구이나 근원적인 욕구나 가치관, 신념을 찾는 데에도 유용하게 사용할 수 있다.

넷째, 욕구의 이면에 숨어 있는 개인의 가치관이나 신념에 대한 소통이 필요하다. 대부분의 의사소통에서는 이 부분의 오해와 편견으로 인하여 개인 간 불통이 되는 경우가 많다. 이런 경우 크리스 아지리스(Chris Argyris)의 '추론의 사다리'를 활용할 수 있다. 추론의 사다리는 각자의 생각이 얼마나 다를 수밖에 없는지를 설명해 준다([그림 5-2] 참조).

사실이나 자료를 접할 때 과거 자신의 경험에 비추어 필터링을 하여 필요한 자료만 취사선택을 한다는 것이다. 그리고 그 자료에 자신만의 의미를 부여하고, 자신이 부여한 의미를 가지고 가정을 한 후에 그 가정에 의하여 결론을 내리고, 그 결론이 믿음이 되어 행동으로 옮겨지게 된다는 것이다. 물론

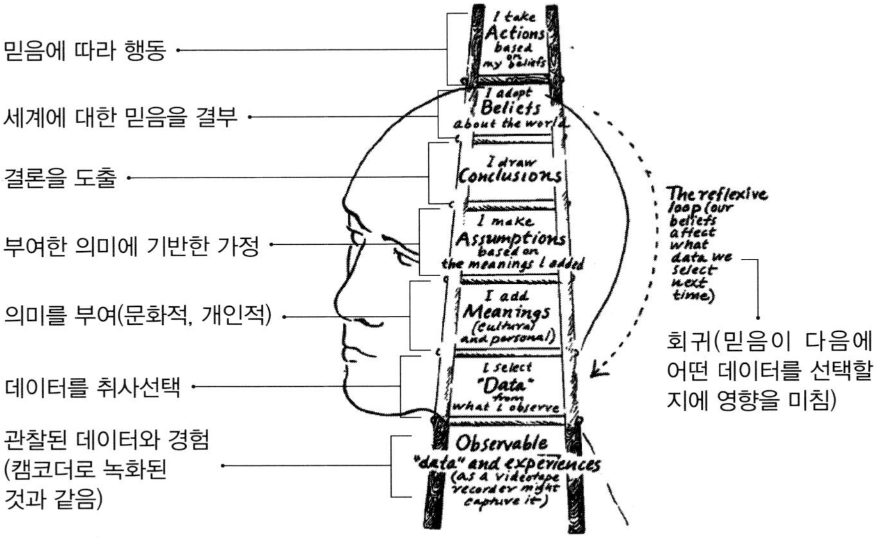

그림 5-2 추론의 사다리

출처: Senge et al. (1994).

다음에 자료를 선택할 때는 이렇게 만들어진 믿음이 다시 토대가 된다는 것이 그의 이론이다. 두 사람의 대화에 있어서도 서로의 경험이나 가치관이 다르기 때문에 필터링부터 달라지기 시작하여 가정, 결론, 믿음, 행동에 이르면서 서로 대립되기 쉽다. 따라서 의사소통에서는 상호 간의 추론의 사다리를 그리면서 상호 간의 신념이나 가치관을 확인할 수 있다.

3) 조하리의 창 진단

다음에는 인간관계에서 나타날 수 있는 일반적인 행동양식이 기술되어 있다. 각 항목들이 자신의 행동양식을 얼마나 잘 나타내는지 1~10점까지의 점수로 솔직하게 표현해 보자. [예: 그렇지 않다(1점), 약간 그렇다(2~4점), 그저 그렇다(5점), 상당히 그렇다(6~9점), 매우 그렇다(10점)]

조하리의 창 진단

	문항	그렇지 않다				그저 그렇다					매우 그렇다
1	나는 잘 모르는 경우에는 이를 바로 인정한다.	1	2	3	4	5	6	7	8	9	10
2	나는 납득하기 어려운 지시를 받을 경우 지시한 이유를 물어본다.										
3	나는 다른 사람의 잘못을 지적할 필요가 있을 때에는 직접 말한다.										
4	나의 의견을 남들이 어떻게 생각하는지 물어본다.										
5	나의 느낌을 솔직하게 표현한다.										
6	다른 사람의 감정을 존중한다.										
7	나는 걱정거리가 생길 경우 터놓고 의논한다.										
8	나 혼자 이야기를 계속하여 남을 짜증나게 하지 않는다.										
9	나는 진심으로 남의 이야기를 들어 준다.										
10	나는 아이디어를 권장하고 대화를 독단적으로 끌고 가지 않는다.										
11	내 잘못을 숨기거나 남의 탓으로 돌리지 않는다.										
12	나는 다른 사람의 충고를 잘 받아들인다.										
13	달가운 일이 아닐지라도 남들이 알아야 할 사항이라면 알려 준다.										
14	남의 의견이 나와 다를 경우, 나의 생각을 말하고 함께 검토해 본다.										
15	나는 말하기 거북한 내용을 거리낌 없이 말한다.										
16	나는 변명을 하지 않고 비판에 귀를 기울인다.										
17	나는 있는 그대로를 나타내며 가식이 없는 편이다.										
18	나에게 찬성하지 않는다고 해서 남의 마음을 상하게 하지 않는다.										
19	나는 확신하는 것을 굽히지 않고 말한다.										
20	나는 다른 사람에게 그들의 생각을 발표하도록 권장한다.										

※ 채점표										
번호	1	3	5	7	11	13	14	15	17	19	합계(자아)
점수											
번호	2	4	6	8	9	10	12	16	18	20	합계(피드백)
점수											

		내가 알고 있는 정보					내가 모르는 정보				
		10	20	30	40	50	60	70	80	90	100
남들에게 알려진 정보	10										
	20										
	30										
	40										
	50										
남들이 모르는 정보	60										
	70										
	80										
	90										
	100										

2 서로의 욕구를 알아주라: 매슬로의 욕구설

이 이론은 미국의 심리학자 에이브러햄 매슬로(Abraham Maslow, 1908~1970)가 1943년 주장한 모형으로서 5단계로 분류해서 설명하였다. 그는 이 모형에서 인간의 욕구는 그 중요도에 따라 낮은 수준의 욕구에서 높은 수준의 욕구로 계층을 이루어 구성된다고 하였다. 그의 이론에 따르면 인간은 하위 단계의 욕구가 실현되어야 상위 단계의 욕구를 희망할 수 있다는 것이다. 즉, 이 이론의 핵심은 인간의 욕구가 순차적으로 발생한다는 것이다. 그러므로 인간의 욕구는 자신이 인지하는 욕구 중 중요도별로 단계를 형성한다는 의미를 나타내는 것이기도 하다. 이러한 동기이론은 인간에게 있어 하나의 욕구가 충족되고 나면 위계상 다음 단계에 있는 다른 욕구를 충족하고자 하는 식의 계단식 체계를 이룬다는 것이다.

욕구모형의 1단계부터 5단계의 내용은 다음과 같다. 1단계 생리적 욕구, 2단계 안전의 욕구, 3단계 소속감 및 애정의 욕구, 4단계 존경의 욕구, 5단계 자아실현의 욕구이다.

1) 1단계: 생리적 욕구(physiological needs)

가장 첫 단계로서 인간에게 가장 기본적인 것이라 할 수 있다. 여기에는 의, 식, 주를 비롯해 삶을 유지하기 위한 모든 것을 의미한다. 특히 가장 우선인 생리적 욕구는 짧은 시간 내에 반복적으로 일어나며 이때 그 욕구를 충족시키지 않으면 안 된다. 예를 들면, 아기가 배고픔을 느낄 때 엄마가 젖을 주면 울음을 그쳐 욕구가 채워진다든지 아니면 직장인이 급여수준이 낮은 직장보다 높은 직장을 선호하는 것 등이 이에 해당된다.

2) 2단계: 안전의 욕구(safety needs)

생리적 욕구가 어느 정도 충족되고 나면 나타난다. 이 욕구는 근본적으로 신체적 및 감정적 위험으로부터 보호되고 안전해지기를 바라는 욕구이다. 자신이 속한 직장의 안전한 고용관계를 위해 노조가입을 한다거나, 삶의 질을 높이기 위해 보다 더 안정된 직장을 선호하듯이 자신의 신체에 가해질 위험과 생리적 욕구의 박탈감으로부터 자유로워지고자 하는 욕구를 의미한다.

3) 3단계: 소속감 및 애정의 욕구(belongingness and love needs)

생리적 욕구와 안전의 욕구가 충족되고 나면 나타나게 된다. 이것은 소속감을 가질 집단을 만들거나, 주변의 동료들로부터 인정받고 싶은 욕구를 의미한다. 인간은 사회적 동물이기 때문에 소속되거나 친교를 나누고 싶어 한다거나 사랑하는 이성과 결혼을 하고 싶은 욕구가 생기게 된다. 즉, 다른 사람들과 관계를 맺고 서로 사랑을 주거나 사랑을 받고 싶어 하는 욕구를 말한다.

4) 4단계: 존경의 욕구(esteem needs)

소속감이나 애정의 욕구가 채워지고 나면 내적으로 자신의 존재감을 성취하고 누군가로부터 존경을 받고 싶은 욕구가 발현되는 것이다. 사회적 지위를 확보하기를 원하는 욕구를 말한다.

5) 5단계: 자아실현의 욕구(self-actualization needs)

4단계까지 욕구가 어느 정도 충족되고 나면 되고 싶은 것 또는 될 수 있는 것을 성취하려는 자아실현의 욕구가 발현된다. 이것은 끊임없는 자기계발을 통해 성장하고 잠재력을 극대화하여 자아를 완성시키려는 욕구이다.

이러한 매슬로의 욕구모형은 실제 전 세계 39개국에서 삶의 만족도 조사를 실시하여 그의 모형이 옳았음을 입증하기도 하였으며 현재까지 인간의 동기를 유발하는 이유를 이해하고 설명하는 데 있어서 가장 폭넓게 사용되고 있는 모형들 중의 하나이다. 다음은 매슬로는 동기이론 중 중요한 순서에 따라 욕구의 단계를 생리적 욕구, 안전의 욕구, 소속감 및 애정의 욕구, 존경의 욕구, 자아실현의 욕구의 순으로 체계적으로 나열한 것이다.

그림 5-3 매슬로의 욕구

매슬로의 욕구모형 중 몇 가지 검토되어야 할 점을 살펴보면 다음과 같다. 그는 다섯 가지의 동기를 위계적으로 분류한 후 욕구 계층을 발달 단계에 따라 구분하였지만, 단계별로 명확하게 구분되어 나뉘는 것이 아니고 서로 중

첩되는 것을 볼 수 있다. 그리고 이러한 동기는 낮은 하위 요인으로부터 높은 상위 요인으로 발달되어 가는 것을 볼 수 있다. 이러한 점은 하위 요인이 충족되지 않으면 상위 요인으로 발달되지 않기 때문에 반드시 하위 요인의 충족을 전제로 한다.

따라서 이 모형은 두 사람이 반드시 동일한 행동을 하였다고 해서 이것이 동일한 욕구에서 비롯되지 않는다는 점이다. 동일한 욕구를 가진다고 해서 동일한 반응을 나타내는 것은 아니며 하위요인에 불만족할 경우 인간은 누구나 하위 요인을 충족하기 위해 퇴행 현상을 보이기 때문이다. 이러한 관점에서 하위 요인의 충족이 반드시 필요하다고 할 수 있다.

활동

생각 나누기

1. 나의 욕구는 어떤 모양일까?

2. 평소 어떨 때 욕구불만을 느끼는가?

3. 자신은 다른 사람들에 비해 어떤 욕구를 많이 충족하고 있는가?

4. 그 이유는 무엇일까?

3 왜 이리 안 通할까: 通하는 유형과 안 通하는 유형 탐색하기

인간관계 유형은 1950년대에 미국의 정신의학자 에릭 번(Eric Leonard Berne, 1910~1970)이 심리치료의 한 방법으로 개발하였으며, 정신분석가 해리스(Thomas Anthony Harris, 1913~)의 저서 『I'm OK-You're OK』(1967)에 의하여 대중화되었다.

이러한 인간관계 유형에는 4가지가 있다.

첫째, 자신만을 인정하고 타인은 부정하는 방식(나는 옳고, 네가 틀렸다)으로 I am OK, You are not OK(자기긍정-타인부정: 자아도취형)이다.

둘째, 자신은 부정하고 타인을 인정하는 방식(나는 틀렸고, 네가 옳다)으로 I am

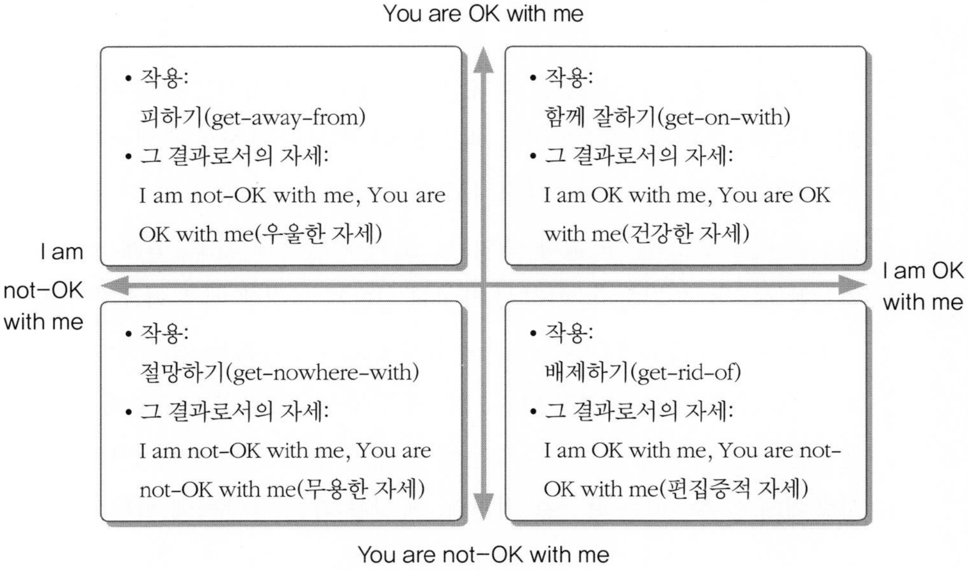

그림 5-4 OK 목장

출처: Stewart & Joines(2012).

not OK, You are OK(자기부정-타인긍정: 패배형)이다.

셋째, 자신과 타인을 다 함께 인정하는 방식(나는 옳고, 너도 옳다)으로 I am OK, You are OK(자기긍정-타인긍정: 원만형)이다.

넷째, 자신과 타인을 모두 부정하는 방식(나는 틀렸고, 너도 틀렸다): I am not OK, You are not OK(자기부정-타인부정: 염세 포기형)이다.

해리스는 인간관계의 유형이 자신에게 가치가 있느냐 없느냐에 따라 그 비중이 달라진다고 가정하고, 4가지 유형으로 정의한 것이다. 다음은 해리스가 자신과 타인에 관해서 가질 수 있는 인간관계의 유형을 크게 4가지로 나누어 본 것이다. 여러분은 인간관계에 있어 어떤 유형에 속하는지 알아보자.

1) 수동적 스타일: 나는 옳지 않다-너는 옳다 (I'm not OK-You're OK)

이 유형에 해당되는 사람들은 자신을 무가치하게 여기고 다른 사람들에게 의존하려는 욕구를 지니고 있다. 부모의 애정 어린 보살핌에 의해서 자신의 욕구를 충족시키기 때문에 타인에 대해 긍정적인 인정을 하게 된다. 그러나 자신은 아무것도 할 수 없다고 여김으로써 좌절하게 되고, 쉽게 포기하고, 자신을 신뢰하지 않는다. 따라서 타인의 칭찬과 인정에 매우 의존적이다.

이런 자세를 갖는 사람은 자신을 무가치하게 생각하는 경향이 있어 자기의 의견, 감정, 요구를 전부 밝히지 않거나 부분적으로만 표현한다. 이런 사람들은 나는 약하고 열등하기 때문에 네 생각이 옳을 것이라 생각하고 다른 사람에게 의존하려는 욕구를 지닌다. 자신을 다른 사람들에 비해 열등하게 보기 때문에 인간관계에 자신이 없고, 상대방을 불편하게 만드는 경향이 있으며, 자신은 아무것도 할 수 없다고 생각하므로 늘 좌절감 속에서 생활하게 된다. 수동적 의사소통의 장점은 결정에 있어서 책임감이나 위험을 적게 해 준다는 점이지만, 무능력감, 자존감 저하 및 타인의 결정에 따라 살아야 한다는 단점이 있다.

2) 부정적 스타일: 나는 옳지 않다-너도 옳지 않다 (I'm not OK-You're not OK)

이 유형에 해당되는 사람은 상황이나 문제 해결에 대한 대안이나 극복할 능력이 없다고 믿는다. 이들은 자신뿐 아니라 타인에 대해서도 부정적으로 지각하며, 반항적이고 체념적인 인생태도를 갖는다. 따라서 삶의 의미 부여를 하지 못하고 위축된 삶을 살아가게 된다.

이런 자세를 갖는 사람은 나도 옳지 않지만 너도 옳지 못하다는 태도를 지니며 자신은 항상 운이 나쁘다고 생각하고, 인생을 체념하는 태도로 살아간다. 또한 일상생활에서 어떤 것에도 의미를 부여하지 못하고 시간만 보내게 되며, 위축된 채 세상의 모든 것을 부정적으로 보기 때문에 희망이 없는 삶을 살아간다. 가장 공격적이고, 쉽게 좌절하며, 원만한 인간관계 형성이 힘든 유형이다.

3) 공격적 스타일: 나는 옳다-너는 옳지 않다 (I'm OK-You're not OK)

이는 독자적으로 할 수 있는 것이 점차적으로 많아짐으로써 갖게 되는 신념으로서 이 유형에 해당되는 사람들은 타인과의 거리를 유지할 뿐만 아니라 타인 나와 너, 관계의 소중함과 인간관계의 이해에 대한 불신과 경계를 게을리하지 않는다. 그래서 좋은 관계로 지속시키거나 발전시키는 것이 아니라 관계를 단절하는 쪽으로 발전시키게 된다. 그리고 엄격하게 감독을 하거나 권위주의적이며, 자기중심적인 행동을 하게 된다.

4) 주장적 스타일: 나는 옳다-너도 옳다(I'm OK-You're OK)

이 유형에 해당되는 사람은 대인관계에서 진정한 관계를 맺기 위하여 시간을 투자하며 문제를 건설적으로 해결할 수 있는 능력을 가지고 있다. 따라서 건강하고 행복한 삶의 방식과 태도를 지니게 된다. 이들은 매우 활동적이고 적극적인 삶의 태도를 지닌 사람들로서 매우 바람직한 대인관계의 양식을 갖고 있으며, 원숙한 인격자로서 자아실현의 욕구를 충족시키는 사람들이라고 할 수 있다. 이러한 자세를 갖고 있는 사람은 타인의 권리를 존중하면서도 자기의 의견, 감정, 요구를 명확히 말할 수 있다. 이들은 나 자신은 물론 상대방도 존경할 만한 가치가 있으며 특별한 사람이라고 생각한다. 즉, 생각은 다를 수 있지만 우리는 서로 동등하게 서로의 생각을 표현할 수 있다고 생각한다. 중요한 결정을 내리는 데 적극적으로 참여하고, 다른 사람들을 소외시키지 않고 서로 존중하고, 감정과 생각을 교환한다.

사실 앞에서 언급한 해리스가 말하는 4가지 유형의 인간관계는 사람들이 세상을 대하는 자세를 의미하기 때문에 삶의 위치라고도 할 수 있다. 이러한 유형들의 분석을 통해 자신은 어떤 관계를 맺으며 살아가는지를 통찰할 필요성도 있다. 그러나 무엇보다 중요한 것은 '내가 누구인가?'에 대한 자기이해가 바탕이 되어야 한다. 특히 행복한 인간관계를 유지하며 살아가기 위해서는 이 책의 서두에서도 언급했듯이 자신을 사랑하고 타인도 사랑해야 한다. 그리고 자신을 사랑하는 사람은 몸서리치도록 자신이 정말 좋다는 마음을 가져 보는 것도 좋은 방법이다.

제 6 장

끌림과 설렘, 울림과 어울림의 대인관계 기반 다지기의 세 번째 단계: 의사소통 방법의 이해

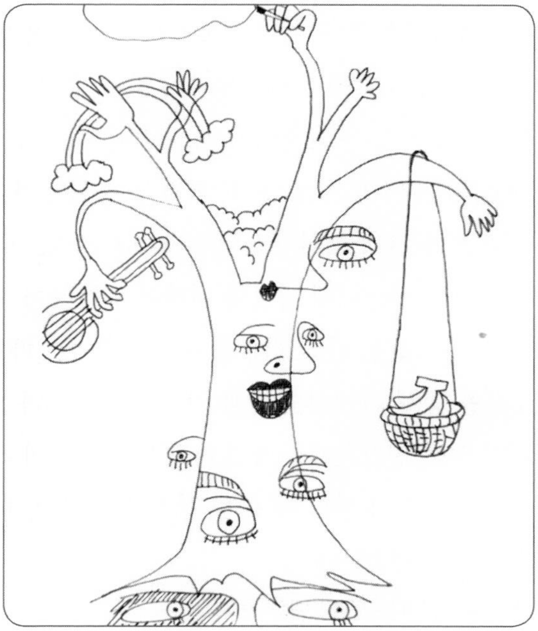

1 의사소통의 달인이 되라

1) 의사소통의 의미와 중요성

현대 사회에서는 인터넷의 발달로 면대면의 언어적, 비언어적 소통 외에도 포털 사이트, 페이스북이나 트위터와 같은 소셜 네트워크 서비스로도 불특정 다수 사람들과의 의사소통을 할 수 있다. 이러한 의사소통이란 인간관계 속에서 언어, 신호, 동작 등을 통하여 개인이나 조직 간에 발생하는 어떤 사실이나 정보 또는 의견과 감정 등을 전달하고 교류하는 과정을 말한다. 의사소통은 다른 의미에서는 커뮤니케이션과 같은 의미로 사용되기도 한다. 왜냐하면 커뮤니케이션은 공동 또는 공통성을 의미하는 라틴어 Cummunis를 어원으로 하고 있으며 본래의 의미에서도 둘 이상의 사람들 사이에 서로 어떠한 공통성을 만들어 내는 과정이기 때문이다. 즉, 커뮤니케이션은 둘 또는 그 이상의 사람들 사이에 사실, 생각, 의견 또는 감정의 교환을 통하여 행동에 변화를 일으키게 하므로 의사소통과 그 의미가 일맥상통하는 것이다. 한 사람으로부터 다른 사람에게 정보와 이해를 전달하는 행위이며 생각, 사실, 사고, 느낌 및 가치관을 타인에게 옮기는 행위이기 때문에 사람들은 끊임없는 의사소통을 통해 자신의 생각과 감정을 다른 사람에게 잘 전달하여 만족스럽고 의미 있는 인간관계를 맺으려고 노력한다. 누구나 원활한 의사소통을 위해서는 상대방의 말을 잘 듣는 경청을 통해 이해와 감정표현으로 서로의 공감대를 형성해야 한다.

다음은 의사소통의 기능을 나열한 것이다.

- 인간이해 증진: 의사소통은 인간 생활에 필수적인 것으로, 인간에 대한 이해를 증진시킨다.

- **자아성찰:** 타인과의 의사소통을 통해 자신에 대한 개념을 정확하게 파악할 수 있다.
- **자기성장:** 현대 사회는 각각의 차이에 근거한 다양성을 존중하고 존중받기 위한 새로운 패러다임으로 전환하고 있다. 즉, 차이와 다양성을 존중하는 소통문화란 우리 모두가 참여하고 서로에게 유익한 관계를 형성하고 서로가 더불어 사는 사회를 만들어 가는 것이다. 이러한 과정들은 자신을 돌아보게 하고 원활한 인간관계뿐 아니라 자기성장이나 자기개발에 큰 도움이 된다.
- **우호적 관계형성:** 의사소통은 서로의 감정을 전달하고 생각을 이해하는 데 중요하다. 긍정적인 의사소통은 상호 간에 이해를 증진시키며, 우호적인 관계를 형성하지만, 부정적인 의사소통은 인간관계를 악화시키거나 단절시키는 등 부정적 영향을 끼치게 된다.
- **행복한 삶과 원만한 인간관계 형성:** 30대 이상 직장인에게 이직하는 이유를 설문조사한 결과 약 70%가 인간관계의 어려움이라고 답변한 기사를 우리는 심심찮게 접한다. 일이 어렵고 힘들기보다는 동료나 고객, 상사 등과의 인간관계가 이직하게 만드는 요인으로 작용하는 것이다. 또한 가정에서 겪는 관계 스트레스도 만만치 않다. 남편, 자녀, 시댁식구 등과의 관계 스트레스로 인해 원만한 가정생활을 유지해 가는 데 어려움을 호소하고 있다. 그러므로 인간관계에서 발생하는 여러 가지 문제를 해결하여 성공적인 인간관계와 삶을 유지하는 데 있어서 대인관계 의사소통은 필수적인 것인 만큼 서로의 생각이나 감정을 존중해 주고 다름을 인정하는 관계를 만드는 것이 가장 중요하다.

개인이 건강한 삶을 영위해 가려면 효율적이고 효과적인 의사소통 방법부터 배워야 한다. 왜냐하면 모든 조직체에 있어서 의사소통은 매우 중요하기 때문이다. 집단 구성원끼리 서로 의사소통이 단절되는 집단은 비효율적

집단이라고 명명하는데 이런 집단은 사소한 문제조차도 쉽게 해결하지 못하고 자신들의 문제가 무엇인지도 파악하지 못한다. 때로는 타인을 향하여 아무런 말이나 함부로 내뱉고 익명성이 보장된다는 점을 이용하여 타인들에게 고통과 상처를 주기도 한다. 이런 부정적인 면 또한 인간의 의사소통이 원활히 이루어지지 않아서 발생하는 것이다. 이처럼 인간관계에서 의사소통은 매우 중요하다고 할 수 있으며 모든 사람의 관계는 의사소통을 통해서 이루어진다.

2) 의사소통의 구성요소

의사소통의 구성요소에는 송신자, 수신자, 정보, 수단, 반응 등이 해당한다.

- **송신자**: 정보를 보내는 사람으로서 자신이 누군가를 만났을 때 의사소통의 필요를 느끼게 되어 의사소통을 위한 매체를 선택하며, 오래전 기억이나 과거의 경험 등을 이용하여 정보에 적합한 단어나 표현을 선택한다.
- **수신자**: 어떠한 정보를 받아들이고 그 정보에 반응을 보이는 사람으로서 이때 안정된 감정과 송신자의 행위에 경청하는 태도가 필요하다.
- **정보**: 송신자가 수신자에게 전달하고자 하는 내용이 여기에 속한다.
- **수단**: 전달 매체를 이용하여 어떠한 정보를 전달하는 수단을 의미한다. 전달 매체에는 언어적 방법인 말, 글 또는 SNS 등과 비언어적 방법인 표정, 시선, 목소리, 자세, 몸짓, 태도 등이 있다.
- **반응**: 송신자가 전달하는 정보를 전달받은 수신자가 거기에 나타내는 반응을 말한다.

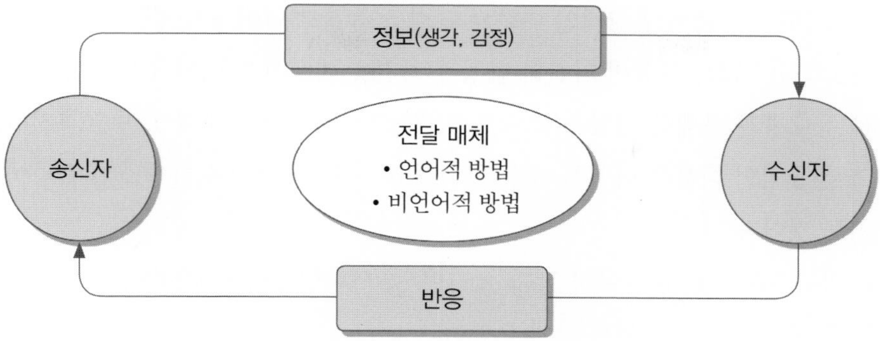

그림 6-1 의사소통의 구성요소

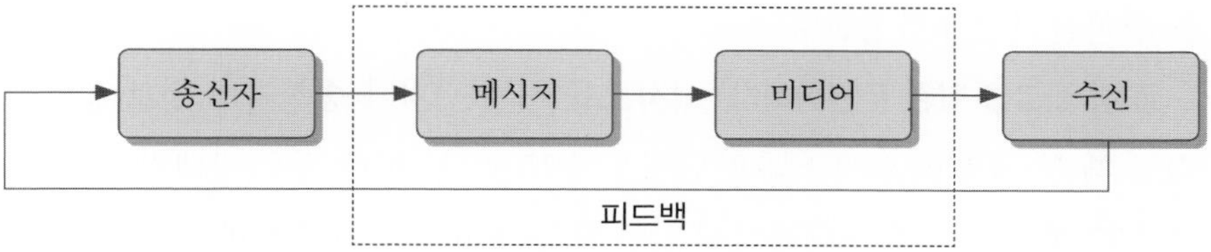

그림 6-2 의사소통의 과정

[그림 6-2]는 의사소통의 과정을 그림으로 표현한 것이다. 의사소통에는 일상적인 대화의 단계, 정보 교환의 단계, 의견 교환의 단계, 감정 교환의 단계의 네 가지 단계가 있다.

첫째, 일상적인 대화의 단계이다. "어떻게 지내십니까?" "잘 지냅니다." 등과 같은 일상적인 안부의 말을 전한다.

둘째, 정보 교환의 단계이다. '사실'을 상대에게 알려 주기 때문에 대화의 기초이다.

셋째, 의견 교환의 단계이다. 화자가 자신의 개인적이고 일상적 의견을 말하는 과정을 통해 서로의 대화를 지속시키기 위해 자기 자신의 정보를 제공한다.

넷째, 감정 교환의 단계이다. 가장 가깝게 만드는 단계로서 서로 간의 감정을 나누는 영역이다. 이러한 감정 교환의 단계는 의견 교환의 단계와 다르다. 어떤 사람들은 일상적인 대화의 단계조차 결코 벗어나지 않는 경우도 있다. 그러나 많은 사람이 자신의 감정과 의견을 지나치게 드러내는 것으로 인해 상대방과 불쾌한 경험을 할 수도 있다. 그러나 대인관계에 있어 효과적이고 성공적인 대화는 다양한 상황 변화에 따라 다음 단계로 자연스럽게 넘어가는 것이다.

의사소통과정에서 여러 장애 요인이 두 사람의 소통을 방해하는 경우가 많다. 다음은 의사소통의 장애 요인이다.

첫째, 인식과정에서 오는 불신이다. 소통과정에서 송신자와 수신자가 서로 믿지 못하고 서로의 의도를 파악하기보다는 자신의 기호대로 선택하여 정보를 받아들이면서 발생한다.

둘째, 서로를 향한 무관심이다. 의사소통 시 수신자가 송신자의 정보에 무관심할 때 두 사람의 의사소통은 단절될 수도 있다. 이런 경우 상대방을 잘 파악하고 그 사람의 태도와 생각에 맞는 느낌과 판단을 전달해야 한다.

셋째, 개인의 특성으로 인한 지나친 걱정이다. 의사소통단계에서는 모든 메시지를 자기 입장에서 이해하게 되는데 이때 송신자가 수신자를 지나치게 많이 걱정하게 된다. 그러므로 상대방에 대해 평가하는 데 영향을 미치므로 서로 올바른 소통을 하도록 노력해야 한다.

3) 의사소통의 종류

(1) 언어적 의사소통

말이나 글로 자신의 생각이나 감정을 표현하는 것으로서 대화, 편지, 채팅, 이메일, 독서 등이 여기에 포함된다. 언어적 의사소통은 개인의 생각이나 감정을 말이나 글로 전달하는 것이기 때문에 가장 일반적인 의사소통 방법이자 가장 편리한 수단이다.

(2) 비언어적 의사소통

비언어적 의사소통은 언어 이외의 다른 수단으로 상대방에게 정보를 전달하는 것으로 종류가 다양하며, 언어적 의사소통을 보완하고, 친밀한 경우에는 관계 유지에 매우 중요한 역할을 한다. 여기에는 몸치장, 옷차림, 표정, 행동, 억양, 음성의 강약, 상대방과의 거리 등이 포함된다. 연구에 따르면, 인간의 의사소통에는 비언어적인 것이 거의 75%에 이른다고 했다. 대화도 하나의 기술이며, 올바르고 효율적인 대화를 위해 여러 가지 대화기법을 훈련받을 필요가 있다. 말을 잘하는 것과 대화를 잘하는 것은 별개의 문제이다. 유창하고 논리적이며 분명하고 단호하게 표현되는 말 잘함은 의도와는 달리 오히려 관계에 있어 상대방의 마음을 닫게 할 뿐만 아니라, 상대를 방어적으로 만들기도 한다. 상대방의 마음을 읽어 마음을 열게 하고 움직이게 하는 대화를 통해 두 사람의 관계가 편안해지는 관계지향적인 대화를 할 수 있을 뿐만 아니라, 서로에게 힘이 되고 문제가 해결된다. 또한 비언어적 의사소통은 언어적 의사소통 과정을 보다 효과적으로 진행시키는 데 도움을 줄 수 있으며, 언어적 의사소통만으로는 표현하기 어려운 복잡하고 미묘한 감정이나 태도 등을 전하는 데 유용하다.

- **얼굴표정**: 사람의 얼굴표정은 개인의 감정을 표현하는 비언어적 수단으로서 너무나 다양한 표정으로 상대방에 대한 호감, 사랑, 기쁨, 만족 또는 분노, 짜증, 불쾌감 등을 표현할 수 있다.
- **음성**: 인간의 음성은 각양각색이므로 비언어적 소리는 상대방의 정서적 표현을 알아내는 데 중요한 단서를 제공한다. 예를 들어, 갑자기 어조가 높으면 적대감과 대립감을 일으키며, 반대로 기분 좋은 음성은 그 사람의 현재 마음상태를 파악할 수 있다.
- **눈 맞춤**: 사람과 대화 중 상대방과 눈을 맞추는 것은 상대방에 대한 관심을 표현하는 것이다. 옛말에 그 사람의 눈을 보면 마음을 알 수 있다고

홀(Hall, 1959)이 구분한 인간의 개인적 상호작용 기본 구역

친밀한 거리 (0~45cm)	사랑하는 연인이나 부부, 아기를 돌보는 어머니, 레슬링같이 서로 밀착해 시합하는 운동선수의 거리
개인적인 거리 (45~1.2m)	친구, 가족, 동료와 같은 사람들과 서로 친밀하게 대화를 나눌 수 있는 거리
사교적 거리 (1.2~2.1m)	사업상 공식적으로 만날 때의 거리
공적 거리 (3.6~7.5m)	공식적인 모임에서 청중 앞에서 큰 목소리로 강의하는 거리

출처: 이경순 외(2006).

하지 않았던가. 상대방이 눈을 바라보며 대화를 하는 것은 관심이 있다는 것을 표현하는 것이기도 하며, 반대로 눈빛을 피하는 것은 상대방에 대해 관심이 없다는 것을 전달하는 신호이기도 하다.

- 제스처: 우리는 흔히 온몸으로 자신의 감정을 전달하거나 표현하는 사람을 볼 수 있다. 이러한 제스처는 의미를 더욱 분명하게 전달하거나 강조할 수 있다. 특히 관심이 있는 상대에게는 몸을 앞으로 기울이지만 관심이 없는 사람 앞에서는 딴 곳을 바라보거나 딴짓을 한다. 이러한 제스처는 상대방에 대한 호감의 정도나 태도를 나타내는 것이다.
- 접촉: 신체 접촉은 비언어적인 메시지로서 상대방에 대한 관심을 표현하거나 전달하는 방법이다. 신체적인 접촉은 성적인 표현으로 해석될 가능성이 많기 때문에 조심해야 한다. 일반적으로 상대방과의 사이가 가까울수록 물리적인 거리도 가까워진다고 할 수 있다.
- 듣기: 누구나 자신의 이야기를 잘 들어 주는 사람을 좋아한다. 즉, 상대방의 이야기를 잘 듣는 것은 상대방과의 대화에서 기본 요소인 것이다. 이처럼 상대방의 말을 잘 듣기 위해서는 그 사람과의 대화에 편견을 버

리고 관심을 기울여야 한다. 이때 적극적 경청으로 상대방에게 호감을 표시하는 것이 바람직하다.

- 대화하기: 상대방과의 대화에서 매끄럽게 대화를 잘 나누기 위해서는 차례를 지키고, 상대방의 말에 간혹 반응을 보여 준다. 그러면 그 대화는 오래 지속될 수 있다. 일방적인 말을 하는 것보다 상대방의 이야기를 들어 주는 부분이 많을수록 상대방은 그 대화에서 만족감이 높아질 것이다.
- 다하지 못한 말을 편지나 카드로 쓰기: 글은 사람의 진심을 표현하는 매우 효과적인 방법이다. 긴 대화보다 한 통의 짧은 글이 더욱 깊은 인상을 남기기도 한다. 특히 대화에 자신이 없거나 말을 조리 있게 하지 못하는 사람들은 자신의 마음을 표현하기 위해서 편지나 카드를 전하는 것이 효과적이다. 또한 편지나 카드를 쓰면 로맨틱한 사람으로 보일 수도 있다.

활동

생각 나누기

1. 내가 가장 많이 사용하는 의사소통 방법 중 언어적 의사소통은 무엇인가?

2. 내가 가장 많이 사용하는 비언어적 의사소통 방법은 무엇인가?

3. 어떤 상황에서 주로 사용하는가?

4) 의사소통의 유형별 특징

다음은 의사소통의 5가지 유형으로서 유형별 세부사항은 다음과 같다.

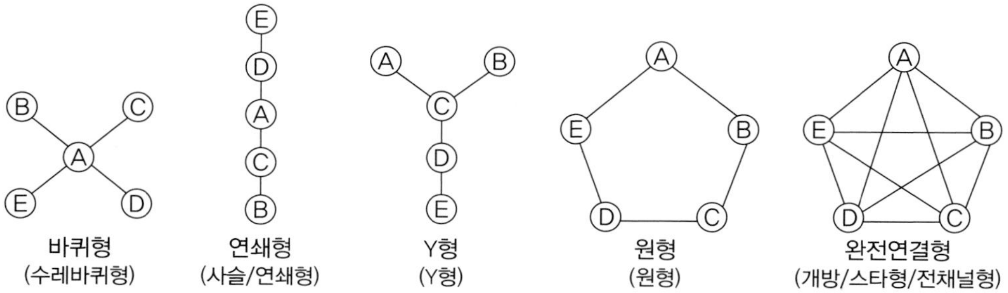

그림 6-3 의사소통의 유형

(1) 바퀴형(수레바퀴형)

이 유형은 정보의 전달과 의사결정이 신속하게 진행되어 실생활에 적용하기 적합하지만, 복잡하고 많은 정보가 필요한 의사결정을 해야 할 경우에는 적합하지 않다. 왜냐하면 리더의 잘못된 결정으로 간혹 오류가 발생하기 때문이다. 이러한 유형은 신중한 의사결정에는 적합하지 않다. 특히 바퀴형은 구성원이 한 사람의 감독자에게만 보고하는 형태의 커뮤니케이션 유형이다.

그림에서처럼 가운데 사람이 커뮤니케이션 역할을 하는 중심인물이며 주변의 다른 구성원들은 다른 사람보다는 중심인물과만 커뮤니케이션을 한다. 이것은 집단 내에 특정한 리더가 있을 때 발생하며, 이 리더에 의해서 모든 정보의 전달이 이루어지기 때문에 정보가 특정 리더에게만 집중된다는 단점이 있다.

(2) 연쇄형(사슬/연쇄형)

연쇄형에서는 커뮤니케이션이 직선 구조인 위, 아래로만 이루어지며 공식적인 명령 계통이 이에 해당한다. 그렇기 때문에 체계가 명확한 공식적인 조직에서 사용된다. 최고경영자의 의사가 부하직원인 작업자에게까지 전달된다. 흔히 이러한 형태는 관료조직이나 공식화가 진행된 조직에서 쉽게 발견할 수 있다.

오늘날에는 이러한 유형의 네트워크가 갖는 비효율을 타파하기 위하여 팀, 그룹제 등이 많이 사용된다. 사슬형은 다른 모형에 비해 구성원들 간의 의사소통이 되지 않으며 수직모형과 수평모형이 있다. 수직모형에는 구성원들 간의 서열체계가 있기 때문에 단순 업무에서 신속함과 효율성이 높다. 그러나 단계적인 전달로 인해서 정보가 쉽게 왜곡될 수 있다. 그러나 수평구조에서는 구성원의 중심이 중심 역할을 하기도 한다.

(3) Y형

Y형은 그림에서도 보이듯이 연쇄형과 바퀴형이 혼합된 네트워크 형태를 나타내며 연쇄형과 같이 연속적 커뮤니케이션과 바퀴형의 중심인물로 커뮤니케이션이 형성된다. 이러한 형태는 수레바퀴형처럼 집단 내에 특정 리더가 존재하진 않지만, 그 집단을 대표할 수 있는 인물이 있는 경우에 나타난다.

이 유형은 어떤 문제를 해결하는 데 있어서의 정확도는 비교적 높은 편이며 [그림 6-3]에서 볼 수 있듯이 조정역인 중심점을 통해 구성원 전체의 커뮤니케이션이 이루어진다. 즉, 서로 다른 집단(라인과 스태프)에 속한 사람들 간의 커뮤니케이션에 있어 조정역을 필요로 할 때 사용되며, 그 집단의 지도자가 의사소통의 중심이 되어 형성한다. Y형은 바퀴형과 원형의 중간이기도 하지만 바퀴형에 가깝다.

(4) 원형

이 유형은 구성원 간의 상호작용이 집중되어 있지 않고 분산되는 커뮤니케이션 네트워크를 형성하는 형태이므로 의사전달 속도가 매우 느리다. 그러나 이 유형은 자신의 정보가 모두 전달되고 피드백도 받을 수 있기 때문에 만족감이 높다. 흔히 태스크포스나 위원회조직에서 나타나는 유형으로서 수평적 커뮤니케이션 네트워크를 형성한다. 이 유형은 권력이 한쪽으로 집중되지도 않고, 지위의 높고 낮음도 없는 조직에서 특정한 문제 해결을 할 때 나타난다. 이러한 방법은 단순히 문제 해결 과정이 민주적이라고 할 수도 있지만 단점으로는 집단사고의 문제점이 나타날 수 있고 차선의 결정을 내릴 위험도 있다는 점이다. 왜냐하면 구성원 간에 뚜렷한 서열이 없고 중심인물이 없는 상황에서 목적과 방향도 없이 서로에게 정보가 전달되기 때문이다. 한편, 정보전달을 수집하고 파악하는 문제가 늦지만 이에 반해 의사소통이 명백해질 경우 구성원들의 만족도는 매우 높다.

(5) 완전연결형(개방/스타형/전채널형)

유형의 모양이 마치 포도넝쿨과 같다고 하며 이 유형은 비공식적 커뮤니케이션 네트워크에 해당한다. 이것은 사슬형보다는 정보전달이 다소 느리지만 이에 반해 원형이나 바퀴형보다는 정보전달이 빠르다. 특히 이 유형에서는 리더가 없이 구성원 전체가 커뮤니케이션을 할 수 있다. 이것은 비공식적인 커뮤니케이션의 한 방법으로서 구성원 전체가 서로의 의견이나 정보를 자신의 자유의지에 따라 서로 교환하는 형태이며, 조직에서 많이 나타난다. 또한 일정한 규칙 없이 자유롭게 의견교환이 이루어지기 때문에 비교적 창의적인 아이디어 산출이 가능하다. 이것은 광고 문안을 만들거나 어떤 문제에서 새로운 대안을 찾아낼 때 브레인스토밍 과정에서 많이 사용된다. 여러 유형 중 가장 바람직한 의사소통의 유형으로 구성원들 사이에서 정보 교환을 이룰 수 있다.

5) 사티어의 의사소통이론

버지니아 사티어(Virginia Satir, 1916~1988)는 인간의 감정표현에 중점을 두고, 가족원이 서로 자신의 감정을 상호 간에 어떻게 나타내고 어떻게 자신만의 고유한 의사소통과 행동방식의 패턴을 형성하는지를 주목하여 연구하였다. 이후 1951년 그녀의 가족치료소에서 가족들을 치료하기 시작하였으며, 1955년에는 일리노이 정신의학 기관에서 가족의 역동성을 가르치는 동시에 정신분열증 클라이언트 가족에 대한 연구에 관심을 가지기 시작했다. 그녀는 무엇보다도 내담자를 이해하는 태도로 내담자가 자신의 존재와 잠재력을 통찰하고 자기존재를 경험할 수 있도록 돕고자 하였다. 이러한 목적달성을 위해서 가족들 간의 의사소통을 통해 상호존중감, 신뢰감을 회복할 수 있도록 체험과 교육을 중요시하였다. 또한 발달단계에서 인간 잠재력의 무한한 신뢰를 바탕으로 어떤 아동이라도 적절하게 양육된다면 건강한 성인으로 성장할 수 있다고 주장하였다. 이것이 나무의 속성에 비유한 씨앗모델(seed model)로서 개인의 심리 내적 과정의 변화를 통해 개인의 자존감을 높이게 되고 가족과의 건강하고 원만한 의사소통과 교류를 가능하게 한다.

의사소통은 상대방의 자존심에 관한 정도를 측정하는 계량기와도 같은 도구이며, 자존심의 수준을 바꿀 수 있는 도구라고 하였다. 즉, 모든 의사소통 기술과 유형은 성장과정에서 부모와 가족들의 훈련 과정을 통해 학습된 것으로, 그것을 깨닫기만 하면 새로운 학습이 이루어지고 필요에 따라 변화할 수 있다는 것이다. 이 외에도 스트레스를 역기능적으로 처리하는 방법과 대인관계에서 거절의 위협을 극복하기 위하여 자신을 역기능적으로 보호하는

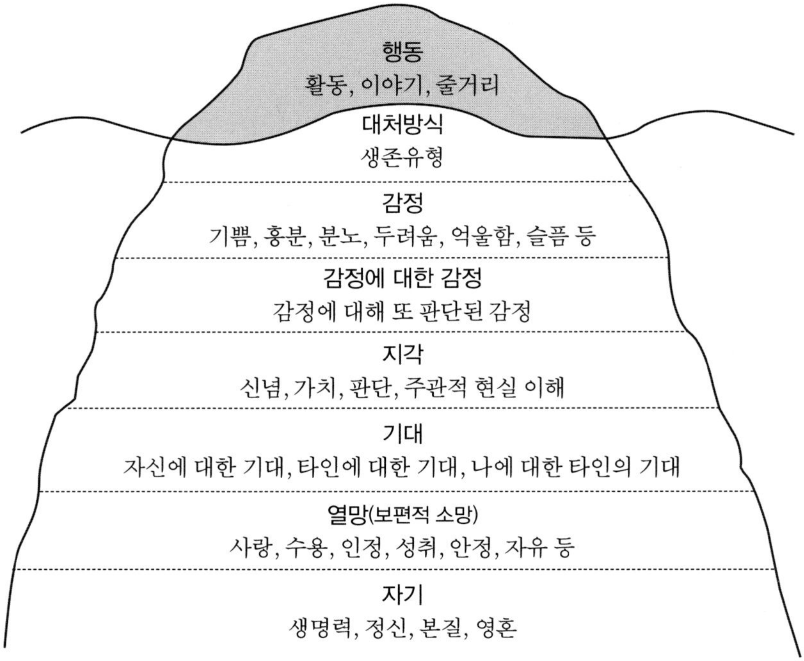

그림 6-4 사티어의 인간에 대한 이해: 빙산 메타포

출처: 김영애(2012).

방법을 사용할 때 나타나는 것이 역기능적 의사소통 방법이라고 하였다. 또한 역기능적 의사소통을 인간이 자기 존중감정에 위협을 느낄 때 사용하는 유형이라고 보았으며, 이러한 역기능적 의사소통 유형을 사용하는 사람들의 공통점은 언어적 메시지와 비언어적 메시지를 불일치한 이중 메시지로 동시에 전달하는 것이라고 주장하였다.

사티어는 그녀의 이론을 통해 인간은 기본적으로 가치 있는 존재이며, 자존감이 높을수록 스트레스를 긍정적으로 극복하고 적절하게 대처할 수 있다고 하였다. 그녀가 강조한 의사소통이론은 자기가치를 재는 척도로서 사람들이 서로 정보를 전달하는 모든 방식의 범위를 포함한다. 이처럼 의사소통은 후천적으로 학습되는 것이며, 누구나 자신이 원하기만 하면 변화시킬 수 있다고 강조하였다. 그녀는 가정의 중요성을 강조하였으며 가정의 모습을 '사람 만드는 공장(people making)'으로 표현하기도 하였다. 누구나 자기 자신과 다른 사람들을 사랑한다. 또 살아가면서 다른 사람들과 만나고 관계를 맺고 상호작용하기를 원한다.

사티어는 가족의 체계 구성을 폐쇄체계와 개방체계로 보았는데 자녀에 대한 가치관과 양육 방법 등에 따라 전체로서의 가족체계가 개방체계가 될 수도 있고 폐쇄체계가 될 수도 있다고 하였다. 첫 번째, 개방체계 속에서 자란 자녀들은 성숙하고 책임감이 있으며 평등한 관계를 추구하는 인간으로 자신의 잠재력을 키워 나간다. 그러나 폐쇄체계에서 자란 사람은 대인관계에 두려움을 가지고 자신감이 없으며 역기능적이고 성장에 저해를 받는다. 한 사람의 힘센 우두머리의 지시를 통해 나머지 가족성원들은 그가 이미 정해 놓은 법에 따라 움직이는, 즉 자녀를 부모의 소유처럼 부모의 권력을 중심으로 가족체계가 이루어지기 때문이다. 이런 경우 자녀들은 외형적으로는 '착한 아이'로 길들여져 살아가지만, 내면적로는 고통과 불행 속에 살아간다.

가정은 서로를 존중해 주고 사랑해 주는 관계로서 한 가족이 된 것을 즐겁게 생각하고 재미있게 지내고 서로를 친구처럼 믿고 좋아하고 존중받아야 하는 곳이라 할 수 있다. 이러한 모습들이 인간의 성장단계에 매우 큰 영향을 미치게 되며 대인관계 형성에도 큰 작용을 하는 것이다.

사티어가 개발한 다섯 가지의 의사소통 유형은 다음과 같다.

(1) 회유형

이 유형은 생존에 위협을 느낄 때 반응하는 유형 중의 하나이며 외형적으로 아주 약하고 의존적이며 순종적으로 보인다. 다른 사람과 상호작용하는 상황에서 자신은 별로 중요하지 않다는 메시지를 다른 사람에게 보낸다. 그리고 자신의 내적 감정이나 상태보다 타인과 상황이 중요하고 자신의 욕구보다 타인의 욕구에 먼저 반응한다. 이 유형은 다른 사람들의 의견에 동조해 주며 때로는 비굴한 자세를 취하기도 하며 사죄와 변명을 하는 등 착한 척하는 행동을 한다.

(2) 비난형

이 유형은 회유형과 정반대 유형으로 타인을 무시하는 성향을 보이며 다른 사람이 자신을 힘 있고, 강한 사람으로 인식하게 하려고 노력한다. 한편, 타인의 말이나 행동을 비난하고 통제하며 명령하기를 좋아하고 외형적으로는 공격적인 행동을 보이나 내면적으로는 자신을 외로운 실패자라고 느낀다. 특히 자신을 보호하기 위해서 다른 사람을 괴롭히거나 비난하고, 환경을 탓하며, 적대적이고 독재적이며 폭력적으로 보이기도 한다. 이러한 비난형의 자원은 주장성, 지도력 그리고 에너지이다.

(3) 초이성형

이 유형은 자기와 다른 사람을 무시하며 지나치게 이성적이며 단지 상황만을 존중하면서 대개의 경우 정보와 논리의 수준에서 기능하며 강박적인 경향이 있다. 이 유형에 속하는 사람들은 전문 용어를 조리 있게 사용하며 매우 자세한 부분까지 복잡하고 길게 설명한다. 듣는 사람의 이해와 상관없이 전문가가 된 기쁨을 느끼면서 자신의 의견이나 관점을 뒷받침할 수 있는 자료나 연구 결과를 인용하면서 갈등을 해결하고자 한다. 규칙과 옳은 것만을 절대시하고 독재적인 행동을 하지만 쉽게 상처받고 소외감을 느끼며 재미없고 강박적이다.

(4) 산만형

이 유형은 자신과 타인 그리고 주변의 상황 등을 무시한다. 사회적으로는 자연스럽고 쾌활하며 분위기를 재미있게 바꾸어 주기 때문에 사람들이 좋아하기도 한다. 그러나 주제에 초점을 맞추지 못하며 계속 몸의 일부를 움직이거나 휘파람을 불거나 눈을 깜박거리거나 혹은 혼란스러운 행동을 하기도 한다. 내면적으로는 아무도 자신을 걱정해 주지 않는다는 고독감과 무가치함을 느낀다. 자세 또한 불균형적이며 움직임이 부적절하고 산만하다.

(5) 일치형

이 유형은 사티어 모델의 중요한 개념 중에 하나이기도 하며 타인들과 의사소통하는 방식이기도 하다. 진실한 의사소통을 하며 정확하고 적절하게 표현하며 매우 생동감이 있고 창조적이며 독특하고 유능한 행동 양식을 나타낸다. 자신의 존재와 독특성을 인정하며 개성이 뚜렷하고 자신과 다른 사람을 신뢰하며 모험을 두려워하지 않고 상처받는 것을 기꺼이 감수한다. 자신의 자원들을 활용하여 타인을 수용하고, 변화에 대해 매우 융통적이고 개방적이다.

다음의 사티어 의사소통 유형 검사지에서 자신의 유형을 체크해 보자.

사티어 의사소통 유형 검사지

※ 다음 글을 읽고 자신에게 해당하는 문항의 괄호 안에 ○를 하세요.

	문항	해당 요소
A	나는 상대방이 불편하게 보이면 비위를 맞추려고 한다.	
B	나는 일이 잘못되었을 때 자주 상대방의 탓으로 돌린다.	
C	나는 무슨 일이든지 조목조목 따지는 편이다.	
D	나는 생각이 자주 바꾸고 동시에 여러 가지 행동을 하는 편이다.	
E	나는 타인의 평가에 구애받지 않고 내 의견을 말한다.	
A	나는 관계나 일이 잘못되었을 때 자주 내 탓으로 돌린다.	
B	나는 다른 사람들의 의견을 무시하고 내 의견을 주장하는 편이다.	
C	나는 이성적이고 차분하며 냉정하게 생각한다.	
D	나는 다른 사람들로부터 정신이 없거나 산만하다는 소리를 듣는다.	
E	나는 부정적인 감정도 솔직하게 표현한다.	
A	나는 지나치게 남을 의식해서 나의 생각이나 감정을 표현하는 것을 두려워한다.	
B	나는 내 의견이 받아들여지지 않으면 화가 나서 언성을 높인다.	
C	나는 나의 견해를 분명하게 표현하기 위해 객관적인 자료를 자주 인용한다.	
D	나는 상황에 적절하지 못한 말이나 행동을 자주 하고 딴전을 피우는 편이다.	
E	나는 다른 사람이 내게 부탁을 할 때 내가 원하지 않으면 거절한다.	
A	나는 사람들의 얼굴 표정, 감정, 말투에 신경을 많이 쓴다.	
B	나는 타인의 결점이나 잘못을 잘 찾아내어 비판한다.	
C	나는 실수하지 않으려고 애를 쓰는 편이다.	
D	나는 곤란하거나 난처할 때는 농담이나 유머로 그 상황을 바꾸려 하는 편이다.	
E	나는 나 자신에 대해 편안하게 느낀다.	

A	나는 타인을 배려하고 잘 돌보아 주는 편이다.	
B	나는 명령적이고 지시적인 말투를 자주 사용하기 때문에 상대가 공격받았다는 느낌을 받을 때가 있다.	
C	나는 불편한 상황을 그대로 넘기지 못하고 시시비비를 따지는 편이다.	
D	나는 불편한 상황에서는 안절부절못하거나 가만히 있지를 못한다.	
E	나는 모험하는 것을 두려워하지 않는다.	
A	나는 다른 사람들이 나를 싫어할까 봐 두려워서 위축되거나 불안을 느낄 때가 많다.	
B	나는 사소한 일에도 잘 흥분하거나 화를 낸다.	
C	나는 현명하고 침착하지만 냉정하다는 말을 자주 듣는다.	
D	나는 한 주제에 집중하기보다는 화제를 자주 바꾼다.	
E	나는 다양한 경험에 개방적이다.	
A	나는 타인의 요청을 거절하지 못하는 편이다.	
B	나는 자주 근육이 긴장되고 목이 뻣뻣하며 혈압이 오르는 것을 느끼곤 한다.	
C	나는 나의 감정을 표현하는 것이 힘들고, 혼자인 느낌이 들 때가 많다.	
D	나는 분위기가 침체되거나 지루해지면 분위기를 바꾸려 한다.	
E	나는 나만의 독특한 개성을 존중한다.	
A	나는 나 자신이 가치가 없는 것 같아 우울하게 느껴질 때가 많다.	
B	나는 타인으로부터 비판적이거나 융통성이 없다는 말을 자주 듣기도 한다.	
C	나는 목소리가 단조롭고 무표정하며 경직된 자세를 취하는 편이다.	
D	나는 불안하면 호흡이 고르지 못하고 머리가 어지러운 경험을 하기도 한다.	
E	나는 누가 나의 의견에 반대해도 감정이 상하지 않는다.	

A	회유형	______ 개
B	비난형	______ 개
C	초이성형	______ 개
D	산만형	______ 개
E	일치형	______ 개

※ 결과 해석	
회유형	자신의 내적 감정이나 생각을 무시하고 타인의 비위에 맞추려는 성향으로 다른 사람의 의견에 지나치게 동조하고, 비굴한 자세를 취하며, 사죄와 변명을 하는 등 지나치게 착한 행동을 보인다.
비난형	회유형과 정반대로 타인을 무시하고, 자신을 강하게 보이게 하려고 타인의 말이나 행동을 비난하고 통제하며 명령하는데, 외면적으로는 공격적인 행동을 보이나 내면적으로는 자신이 소외되어 있으며 외로운 실패자라 느낀다.
초이성형	자신과 타인을 모두 무시하고 상황만을 중시한다. 규칙과 원리 원칙을 찾고, 극단적인 객관성 보인다. 그러나 내면은 쉽게 상처받고 소외감을 느낀다.
산만형	초이성형과 반대로 자신, 타인, 상황을 모두 무시한다. 따라서 가장 접촉하기 어려운 유형이다. 위협을 무시하고 관계없이 행동하며, 말과 행동이 서로 불일치하거나 무관하고 정서적으로 혼란스러워 보인다. 내면에 모두가 나를 거부한다고 생각함으로 무서운 고독감과 자신의 무가치를 느낀다.
일치형	의사소통 내용과 내면의 감정이 일치하는 것을 말한다. 매우 진솔한 의사소통을 하며, 알아차린 감정이 언어로 정확하고 적절하게 표현된다. 자신과 타인, 상황을 파악하고 높은 가치관을 가지고 있으며 심리적으로도 안정된 상태이다.

* 평상시에는 어떤 유형이든지 그다지 문제가 되지 않는다. 다만 갈등 상황 속에서 어떻게 되는가가 관건이다.

6) 흔하게 나타나는 의사소통의 오류

세계적인 인지 심리학자이자 관계 회복 전문가인 데이비드 번즈(David D. Burns) 박사는 그의 저서인 『관계 수업(Feeling Good Together)』에서 사람들이 타인과 의사소통을 할 때 자주 범하는 오류들을 지적하며 그 내용들을 제시했다. 이것은 사람이 상대방과 대화를 할 때 대화가 자연스럽게 이어지지 못하고 맥이 끊기거나 초점이 흐려지게 되면 대화를 중단해 버리거나 상대방에게 마음을 닫아 버리게 만드는 이유들이다. 또한 번즈 박사는 이러한 오류들은 사람과의 관계 속에서 서로의 잘못을 지적하기 위한 것이 아니라 누구에게나 타인과의 관계를 형성함에 있어 자신의 잘못을 파악하는 데 도움이 되는 것이라고 하였다.

다음은 번즈 박사가 제시한 18가지 오류들이다. 여러분은 이 18가지 오류들 중 몇 개가 해당되며 어떤 것들이 해당되는지 파악하고 서로 의견을 나누어 보자.

	문항	해당 여부
1	자신은 무조건 옳고 상대방은 틀렸다고 주장한다.	
2	문제의 원인은 모두 상대방 탓으로 돌린다.	
3	자기 잘못이나 약점 잡힐 만한 실수가 전혀 없다고 혼자 주장한다.	
4	자신은 상대방이 제멋대로 행동했기 때문에 억울하게 희생당하는 것이라고 주장한다.	
5	상대방의 열등감이나 수치심을 자극하기 위해 거칠고 상처 주는 말을 내뱉는다.	
6	상대방을 '멍청이' '인생 낙오자' 혹은 이보다 더한 말로 부른다.	
7	행동, 말, 말투 속에 상대방을 무시하거나 훈계하는 태도가 담겨 있다.	
8	상대방의 비판에 비판으로 맞받아친다.	
9	상대방을 문제 많고 쓸모없는 사람으로 몰아간다.	
10	대화의 초점을 피하거나 예전에 섭섭했던 일들을 끄집어낸다.	
11	남이 비판하지 못하도록, 먼저 자기가 형편없는 사람인양 행동한다.	
12	온갖 노력을 해 봤는데도 안 되더라고 주장한다.	
13	자기 뜻대로 상대방이 해 주어야 하는데 그렇지 않다고 불평한다.	
14	자신은 그 문제와 아무 관련이 없다고 하거나, 화가 잔뜩 났으면서도 전혀 화가 안 났다고 주장한다.	
15	귀담아듣지 않고 충고를 늘어놓거나 도와주겠다며 나선다.	
16	다른 사람의 감정은 무시하고, 그 사람이 겪는 문제를 해결해 주겠다며 나선다.	
17	아무 말도 하지 않은 채, 입을 삐쭉이거나 문을 쾅 닫아 버린다.	
18	자기 감정을 털어놓지 않았으면서도 상대방이 당연히 알고 있으리라 기대한다.	

2 상대방에게 매력적인 끌림과 두근거리는 설렘을 느끼게 하라

1) 마음을 열고 通하라: 소통

소통(疎通)은 어떠한 것이 막히지 않고 잘 통한다는 뜻을 가진 단어로서 자신의 욕심이나 체면을 내세우지 않고 타인과 진정한 마음으로 공감하고 나누는 것이다. 다른 의미로 소통은 나 혹은 내가 속한 집단과 상대방의 뜻이 통하는 것을 나타내기도 한다. 소통이란 그저 말로 상대방의 의도를 읽어내는 것이 아니라 마음을 열고 상대를 인정하고 배려해 주는 자세에서 비로소 이루어진다. 흔히 흐르는 물길을 막아 버리면 물은 썩어 버리고, 환기를 시키지 않으면 집안의 공기는 탁해지며, 문이 잠겨 있으면 그 안으로 들어갈 수 없다는 말을 한다. 이러한 일련의 모습들을 우리는 '불통'이라고 한다. 불통은 막아 버림으로써 더 이상 소통이 되지 않는 것이다. 우리가 살아가는 인간관계에서 가장 어렵고 가장 중요한 것이 바로 이 소통이다. 물론 이 소통은 인간관계뿐 아니라 정치, 경제, 사회, 문화 등 모든 분야에서 매우 중요하다.

다음은 사자와 소의 사랑 이야기이다. 이들의 사랑이 주는 의미를 살펴보자.

> 어느 날 초원에서 사자와 소가 만났는데, 둘은 서로 첫눈에 반해 결혼을 하였고, 매우 행복하였다. 소는 사자를 위하여 열심히 풀을 뜯어다 주었고 사자는 소를 너무 사랑했기 때문에 자기를 위해 풀을 준비한 소에게 아무 말도 하지 않았다. 소도 사자를 너무나 사랑해서 사자가 자기를 위해 열심히 사냥해 온 것을 알기에 아무 말도 하지 않고 맛있게 먹어 주었다. 둘은 서로를 위해 열심히 풀을 뜯고, 사냥을 했다. 그러나 시간이 흘러가자 둘은 견딜 수 없었고, 마침내 이혼을 하였다. 이혼을 하면서 둘은

말했다. "나는 정말 최선을 다했다."라고…….

이 우화에서 문제는 서로가 자기 방식으로 사랑했다는 것이다. 초식 동물인 소는 사랑의 표현으로 사자에게 열심히 풀을 뜯어다 주었고, 육식 동물인 사자는 소도 고기를 좋아할 것이라고 추측하고 사랑하는 소에게 열심히 사냥을 해다 주었던 것이다. 둘은 자기 나름대로 열심히 사랑하고 헌신했고 정말이지 최선을 다했다. 그러나 그 둘의 최선은 자기 입장에서의 최선이지 상대방이 원하는 것을 배려하지 않은 내 방식의 사랑이었다. 내 방식의 최선이 크고 강할수록 그것은 오히려 상대에게 더 큰 상처를 준다. 사람은 내가 노력하고 애쓴 만큼 상대가 인정해 주고 고마워해 주길 바라는 기대를 갖기 때문이다. 엄밀히 따져 보면 나를 힘들게 하고 상처 주는 것은 상대의 반응이 아니라 내가 애쓰고 노력하며 알게 모르게 쌓은 나의 기대인 것이다.

이 짧은 이야기는 우리에게 상대의 입장에서 사랑하는 것이 어떤 것인지 깨닫게 해 준다. 상대가 원하는 사랑의 방식과 표현은 나와 다를 수 있음을 알고, 그가 원하는 대로 사랑해 주는 것이 현명하고 안전한 길이다. 심리상담가 채프만(Gray Chapman) 박사는 5가지 사랑의 언어(five love languages)를 소개하고 있다. 그는 사람들이 원하고 바라는 사랑의 언어가 각기 다르다고 말한다. 사랑한다는 말을 듣고 싶어 하는 사람이 있고(word), 스킨십을 좋아하는 사람이 있고(touch), 선물 받는 것을 사랑이라고 생각하는 사람이 있으며(gift), 같이 즐거운 시간을 보내면서 사랑을 받는다고 느끼는 사람도 있고(quality time), 내가 원하는 서비스(설거지나 청소 돕기 등)를 해 주는 사람이 자신을 사랑한다고 생각하는 사람(service)도 있다고 한다. 그러므로 상대가 원하는 방식의 사랑의 언어를 보내 주는 것이 좋다고 조언한다.

그렇다면 상대가 원하는 사랑의 방식을 어떻게 알 수 있을까? 그건 추측하는 것이 아니라 물어보는 것이다. 대화 중에 말로 묻기 쑥스럽고 어색하다면 쪽지나 메일, 문자를 통해 "당신은 언제 사랑받고 있다고 느끼나요?"라고 물을 수 있다. 물론 이것은 자녀나 부모님에게도 같이 적용될 수 있다. 나의 방식이 아닌 상대방의 방식으로 사랑하는 일, 그것은 결코 어렵거나 힘든 일이 아니다. 나의 추측을 멈추고 상대의 사랑의 언어에 대해 물어보고 상대가 받고 싶은 사랑을 주는 것이다. 풀을 받을 때 소가 행복하고, 고기를 얻을 때 사자가 기쁘듯이(모니카 리, 워싱턴 중앙일보 2012년 8월 31일 미주판 17면).

의사소통은 보내는 사람과 받는 사람이 함께 참여함으로써 성립된다. 의사소통이 원활하다는 것은 자신이 전달하고자 하는 정보를 상대방이 잘 받아들여 이해하며, 또 상대방이 전달하고자 하는 정보를 잘 받아들이고 이해한 상태를 말한다. 따라서 소통을 하기 위해서는 다음과 같은 것들이 내면에 존재해야 한다.

- 자기이해: 자신을 보다 객관적으로 이해할 수 있도록 돕는다. 자신을 이해할 때 타인도 이해할 수 있다.
- 자기수용: 자신을 그대로 이해하고 수용할 수 있도록 돕는다. 자신을 수용할 때 타인도 있는 그대로 수용할 수 있게 된다.
- 자기개방: 자신의 있는 모습 그대로를 숨김없이 솔직하게 내어놓을 수 있도록 돕는다. 자신을 개방할 때 타인도 솔직하게 자신을 개방하게 된다.
- 자기표현: 자신의 느낌이나 감정, 생각들을 상대방에게 불쾌하지 않게 표현할 수 있도록 돕는다.

활동

일방통행과 쌍방통행: 내가 하는 말 잘 들어 봐!

※ 경청의 의미와 필요성을 위한 활동이다.

① 학생 세 명을 선정한다. (한 명은 도형 설명, 한 명은 듣기, 나머지 한 명은 뒤에서 대기)

② 주어진 도형을 설명하게 한다. 단, 설명할 때 오로지 말로만 설명하고 손을 쓸 수 없다. 또 듣는 학생은 듣기만 하고 질문을 할 수 없다.

〈도형 예시〉

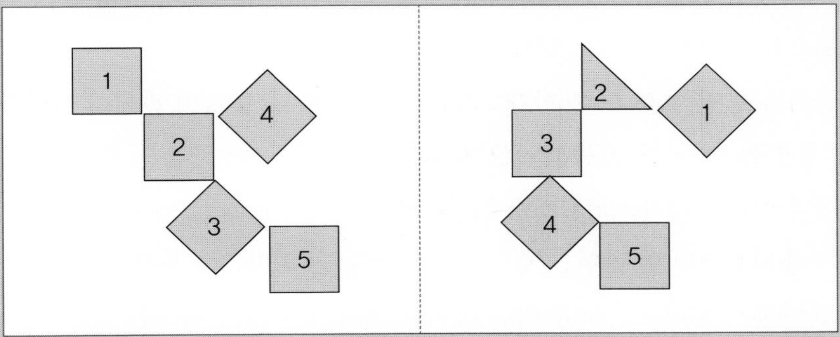

*오른쪽 도형을 참고로 교사가 자유로이 구성할 수도 있고 그냥 쓸 수도 있다.

③ 같은 내용을 두 번까지만 말한다.

④ 듣는 학생은 들은 것을 노트에 그린다.

⑤ 설명을 마치고 난 후 어떤 느낌이었는지 그림 옆에 기록하게 한다.

⑥ 이번에는 다른 학생 한 명에게 설명을 한다.

⑦ 설명을 하게 하는데, 질문을 받을 수 있으며, 손짓이나 몸짓을 할 수 있다.

⑧ 모든 설명이 끝난 후 처음 설명을 들으면서 그렸을 때와 두 번째 설명을 들으면서 그렸을 때의 느낌을 정리하게 한다.

⑨ 의사소통에 관해 설명하고 느낀 점을 발표해 본다.

⑩ 경청에 관해 설명하고 토론한다.

2) 공감하고 또 공감하라: 공감

요즈음 TV프로그램에서 시청자들에게 가장 인기 있는 프로그램들은 어떤 공통점이 있을까? 그다지 특별하지 않아도 시청자들의 마음을 움직이거나 공감할 수 있는 프로그램이 단연 사랑을 받는다는 점이다. 소통과 공감을 자연스럽게 보여 줌으로써 대중의 마음을 사로잡는 것이다. 특히 자신의 추억 속 이야기를 그릴 수 있거나 자신의 마음을 대변해 주고 어루만져 주는 이야기일수록 시청자들은 더 열광하는 것이다.

한자를 보면 '共感'으로 '함께 느낀다'라는 의미로 '무엇에 관해서 이해하는 것' '무엇을 아는 지식' 등의 의미가 내포되어 있다. 이 공감은 19세기 말 독일어 'Einfühlung'(feeling into)에서 로베르트 피셔(Robert Vischer)에 의해 처음 사용되었으며 이 단어는 '들어가서 느낀다'는 의미를 함축하고 있다. 심리학 분야에서 공감(empathy)이란 용어를 처음 사용하기 시작한 것은 20세기 초라고 할 수 있다. 그 이전에는 Einfühlung라는 말을 처음 사용하였는데, 이 말을 어원적으로 보면 ein(안에)과 fühlen(느낀다)라는 단어가 결합된 것으로 '들어가서 느낀다(feel into)'는 의미로 사용하였다. 이 말을 티체너(Titchener)가 희랍어 empatheia로 번역, 사용하게 되면서 공감이라는 개념으로 알려지게 되었으며 대상 속에서 자신을 이해하고 느끼는 과정으로 정의되었다. 최근에는 상담 및 심리치료 분야뿐만 아니라 다양한 학문 분야에서 공감이란 개념을 주요 개념 또는 연구 변인으로 많이 사용하고 있다. 이처럼 상대방을 이해하고 공감하는 능력은 사회생활에서 매우 중요한 역할을 한다는 것이다. 일반적으로 일상생활에서 사용하는 용어로서의 공감은 '타인의 욕구와 감정을 민감하게 알아차리는 것' 또는 '무엇에 관해서 아는 것'을 뜻하지만, 대개는 우리들 자신 이외의 대상의 경험 속으로 들어가거나 그 대상을 이해하는 능력이라는 의미로서 중립적인 의미를 담고 있다. 이 공감은 동정과는 그 의미가 다르게 사용되는데 동정은 주로 타인의 슬픔이나 고통을 함께 나누며 그에게 동일시하는 것이라 할 수 있다. 공감은 마치 그 사람이 된 것처럼 느끼고 생각하면서도 객관성을 유지하는 것이다.

사실 누구나 타인들과의 관계 속에서 공감과 소통을 하고 싶어 한다. 그러나 이러한 공감을 하기 위해서는 가장 먼저 그의 입장에 서서 그 사람의 생각과 감정을 이해하여 그에 반응해야 하므로 마음을 열고 그 사람을 바라봐 주어야 한다. 다른 사람과 공감하는 능력은 사회생활을 함에 있어 가장 중요한 능력 중 하나다. 상대방을 먼저 인정하는 것, 상대방과 서로 공감하는 것은 스스로를 상대방의 입장에 놓고 상대방의 감정과 하나가 되어 도움을 주고 상대를 이해할 수 있는 힘이다.

미국의 소설가 마크 트웨인은 이런 이야기를 하였다. 망치를 든 사람에게는 모든 것이 못으로 보인다고. 이 말은 누구든 자신의 관점에서 모든 사물을 바라보고 판단한다는 것이다. 간혹 주변에서 타인들과 타협하지 못하고 자기 아집으로 살아가는 사람들은 결국 혼자라는 외로움과 고립감을 맛보게 된다. 그런 사람들에게 가장 우선적으로 나타나는 것은 소통과 공감 능력이 떨어진다는 점이다. 따라서 누군가와의 관계를 맺기 위해서는 우선 상대방에게 관심을 보여야 한다. 그러기 위해서는 가장 먼저 상대방을 향해 관심을 보이면서 추임새와 질문의 대화를 시도해야 하는 것이다. 그것이 상대방에게 관심이 있다는 것을 표현하는 것이기 때문이다. 마지막으로 상대방의 감정을 말로 표현하여 확인받아야 한다.

공감하기 위해서는 다음과 같은 3가지가 필요하다.

(1) 관심을 보이기

언어적 표현이 아닌 비언어적 표현으로도 상대방의 대화에 관심이 있다는 것을 표현할 수도 있다. 예를 들어, 눈을 마주친다든지 상대방의 이야기에 고개를 끄덕이며 공감을 해 주고, 또 때로는 몸을 앞으로 살짝 당겨서 상대방에게 적극적인 관심을 표현하는 것도 좋다.

(2) 상대방의 이야기에 적절한 추임새와 질문을 하기

예를 들어, 상대의 이야기를 들은 그대로 반복하는 것이 아니라 상대방의 이야기를 경청하면서 들은 내용을 반복하여 확인해 주는 것이다. 다음은 상대방에게서 들은 내용을 자신의 언어로 바꾸어 말하기 단계이다. 마지막으로 상대방에게서 들은 내용을 요약하여 한 번 더 이야기하고 상대에게 확인한다.

(3) 감정 이입하기

상대방의 감정이나 느낌을 추측하면서 그 마음을 이해하려고 노력하는 단계로서 단지 추측뿐만 아니라 자신이 추측한 상대방의 감정을 말로 표현하여 확인하는 단계이다. 즉, 자신이 상대방의 말의 내용뿐만 아니라 그 감정도 이해하고 있다는 것을 표현하여 알도록 하는 것이다. 예를 들어, "~하시나 봐요." "~ 때문에 속상하신가 봐요." 등으로 표현하는 것을 말한다. 다음은 공감의 단계를 5수준으로 나눈 것이다.

① 수준 1: 상대방의 언어 및 행동표현의 내용으로부터 벗어나거나 내용에 주의를 기울이지 않아 내담자의 감정 및 의사소통이 되지 않는 수준
② 수준 2: 상대방이 표현한 감정에 반응은 하지만 상대방이 표현한 것 중에서 주목할 만한 감정을 제외시키고 의사소통하는 수준
③ 수준 3: 상대방이 표현한 것과 본질적으로 같은 정서의 의미를 표현하여 상호교류적인 의사소통을 하는 수준(대인관계기능을 촉진할 수 있는 기초 수준)
④ 수준 4: 상대방이 스스로 표현할 수 있었던 것보다 더 내면적인 감정을 표현하면서 의사소통하는 수준(수준 4부터는 의사소통이 촉진됨)
⑤ 수준 5: 상대방이 표현할 수 있었던 감정의 내면적 의미들을 정확하게 표현하거나, 상대방의 내면적 자기 탐색과 완전히 같은 몰입 수준에서

상대방이 표현한 감정과 의미에 첨가하여 의사소통하는 수준. 상대방의 적극적인 성장 동기를 이해하여 표현하는 수준(상대방의 표면적인 감정뿐 아니라 내면적 감정에 대해서도 정확하게 반응하는 경우).

3) 너의 목소리가 들려: 경청

『탈무드』를 보면 “인간은 입이 하나, 귀가 둘이 있다.”라는 말이 나온다. 이는 자신의 말을 많이 하기보다는 상대방의 말을 듣기를 두 배 더 하라는 뜻이다. 즉, 상대방이 무슨 생각을 하는지, 무슨 문제가 있는지, 듣고 싶은 말은 무엇인지, 욕구(need)가 무엇인지, 귀로 눈으로 몸짓으로 마음으로 정성을 다해 상대방의 이야기를 들어야 한다는 경청(listening)의 뜻이다. 미국 카네기연구소의 조사에 의하면 사회에서 성공과 부 그리고 사회적 지위나 명성을 얻을 수 있는 힘의 85%는 인간관계이며 대인관계의 승패를 좌우하는 가장 큰 핵심은 듣기, 즉 경청이었다.

경청은 주의를 기울여 열심히 듣는 것으로서, 경청의 의미를 풀어 보면 경(傾)은 사람 인(亻) 변에 머리 삐뚤어질 경(頃) 자를 합하여 머리를 기울인다는 뜻이다. 즉, 경은 몸과 마음을 상대방에게 기울이는 것이다. 몸이 가는 데 마음이 가고 마음이 가는 데 몸이 가는 법이라는 옛말처럼 상대방에게 머리를 기울이면 상대방도 자연스럽게 마음의 문을 열게 된다. 청의 의미는 ‘귀를 내밀고 똑바른 마음으로 잘 듣다.’라는 뜻이다. 옛 속담 “귓구멍이 나팔통 같다.”는 상대방에게 귀를 크게 열어 놓고 올바른 마음으로 들으라는 뜻이다. 상대방의 말을 귀담아 잘 듣는다는 것은 일방적으로 자기의 이야기를 하는 것보다는 상대가 이야기하고자 하는 사실적인 내용이나 사실의 밑바탕에 깔린 상대방의 기분 또는 상대방이 그것을 구체화하지 못했거나 표현하지 못한 숨은 뜻과 기분들을 반복하고 요약하고 공감하고 수용하는 것이다.

그렇다면 경청이란 대인관계에서 무엇을 나타내는가? 그것은 의사소통의

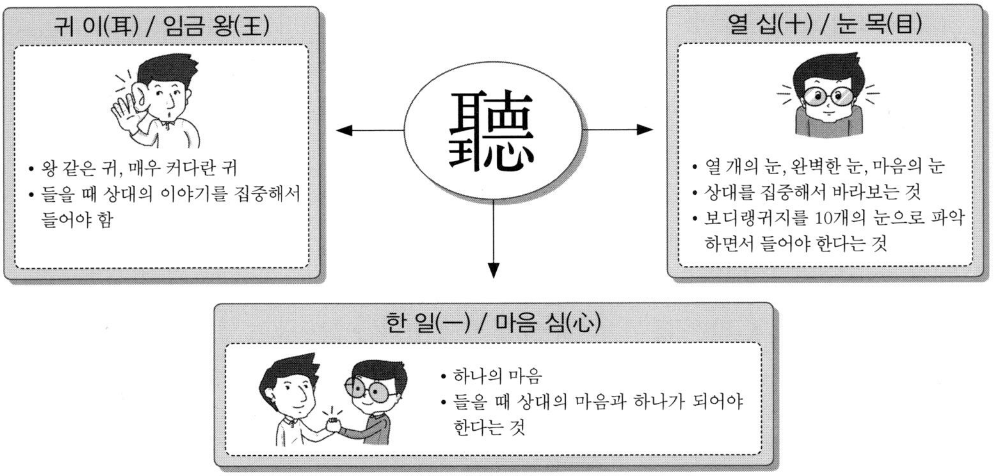

그림 6-5 청(聽)의 의미

출처: http://cattol.tistory.com/48

기본적 과정으로서 상대방이 전달하고자 하는 메시지 내용에 주의를 기울이고 이해하려고 노력하는 행동이라고 할 수 있다. 이러한 경청은 상대방과의 의사소통 능력을 매우 증진시킨다. 누구나 한 번쯤은 타인들의 경청으로 인해 나 자신이 인정받고 있다는 느낌을 받은 경험이 있을 것이다. 이러한 경청은 상대방을 조건 없이 기다려 주는 마음이 있어야 가능하며 이것은 많은 노력과 보이지 않는 끊임없는 훈련이 필요하다. 말하는 것보다 남의 이야기를 듣는 것이 더 어려운 법이다. 그렇기 때문에 최고의 대화기술을 가진 매력적인 대화를 하는 사람은 바로 경청을 잘하는 사람이라고 할 수 있다. 결국 경청의 진정한 의미는 상대방을 공경하고 존중하는 입장에서 맑고 밝은 진실한 마음으로 대화에 임하는 그 태도가 상대방으로 하여금 마음을 열게 하는 것이다. 진정한 의미의 경청이 되기 위해서는 우선 대화의 당사자들이 마음을 비워야 한다. 여기서 마음을 비운다는 것은 사사로운 욕심을 비우고 마음을 맑고 깨끗하게 가진다는 것을 의미한다. 상대방을 소중히 여기는 마음이 없이는 공감적 경청이 되지는 않는다. 경청은 일방적인 듣기가 아니며 양방향의 소통이므로 상대방에 대한 깊은 신뢰와 존중심이 없이는 일어나지 않기 때문이다.

한편, 자신의 주장을 상대방에게 전달하기도 바쁜 이때 남의 말을 언제까지 들어 주어야 하느냐고 반문하는 사람들이 간혹 있다. 아니면 자녀와의 대화에서 들을 필요도 없고 들을 가치도 없다고 판단해 버리는 사람도 있다. 가끔씩 주변에서 말귀를 못 알아듣는다거나 동문서답하는 사람들을 볼 때가 있다. 이런 사람들의 공통점은 상대방의 말에 귀를 기울이지 않는다는 점이다. 경청의 필요성은 다음과 같다.

첫째, 한 마디로 질문에서 동떨어진 대답을 하지 않기 위해서이다.

둘째, 경청은 자기를 돌아보는 자기성찰의 기회를 갖게 한다.

셋째, 상대방을 이해하는 데 도움을 준다.

넷째, 상대방이 나를 이해하는 데 도움이 된다.

이처럼 경청은 상대방에게 관심을 표현함으로써 서로 신뢰도를 높이고 원활한 대인관계를 하게 해 준다.

이러한 경청은 다른 사람의 말에 귀를 기울여 주의 깊게 듣는다는 의미로서 앞에서 말한 공감을 하기 위한 첫 번째 단계이다. 다른 사람의 말을 귀 기울여 듣는다는 것은 그 사람의 모든 것에 관심을 가지고 그 사람의 생각과 감정을 이해하는 것이다. 즉, 경청은 공감적 듣기와 같은 개념으로서 공감의 하위 개념이라고 할 수 있다. 한편, 이러한 경청은 상대방과의 대화가 이루어지는 구체적 상황 또는 사회문화적 맥락에서는 경청의 맥락적 요소로 작용한다. 그러나 맥락 안에서 인지적, 정의적 요소가 함께 작용하여 공감에 이르는 첫 단계로서 경청이 자연스럽게 이루어진다.

다음의 경청지수 체크리스트를 작성하고 자신의 경청지수를 알아보자.

경청지수 체크리스트

※다음 10개 문항들은 대화 상황에서 듣기와 관련된 문항들입니다. 각 문항을 읽은 다음 해당되는 번호를 표기하세요. (1: 거의 항상 그렇다, 2: 자주 그렇다, 3: 가끔 그렇다, 4: 좀처럼 그렇지 않다, 5: 결코 그렇지 않다)

	문항	해당 여부
1	산만한 분위기에 영향을 받는 편이다.	
2	주위에서 소란을 피우면 상대방이 하는 말이 잘 들리지 않는다.	
3	상대방이 하는 말 모두를 빠짐없이 기억하는 편이다.	
4	상대방이 말을 꺼내기도 전에 흥미로운 주제가 아니라고 생각한다.	
5	상대방의 말을 듣지도 않으면서 듣는 척한 적이 있다.	
6	상대방의 하는 말의 의미를 잘못 해석한 적이 있다.	
7	상대방의 말이 미처 끝나기도 전에 상대방 말에 문제가 있다고 생각한다.	
8	대화를 나눌 때 외모로 상대방을 판단하는 편이다.	
9	대화를 나눌 때 상대방이 제시하는 증거에 관심을 기울이지 않는다.	
10	상대방이 하는 말보다는 전달방식에 더 관심을 갖는다.	
	총점: ________점	

※ 평가방법

- 1=2점 2=4점 3=6점 4=8점 5=10점
- 10개 항목을 합산해서 계산
- 70점 이하: 듣기 훈련이 필요
- 71~90: 잘 듣는 편
- 90점 이상: 매우 잘 듣는 편(좋은 경청)

출처: http://cattol.tistory.com/48

(1) 경청의 방법

첫째, 자기 자신의 말을 최소한으로 줄인다. 자신이 말하고 있을 때는 듣지 못하는 것이다. 상대방의 말을 적극적으로 듣고 있을 때의 역할은 듣는 것이지 말하는 것이 아니다.

둘째, 전적으로 상대방에게 주의를 집중시킨다. 듣는 쪽이 적극적으로 경청하면 상대방이 하는 말에 전적으로 주의력을 집중시키게 된다. 듣는 쪽이 온갖 주의를 기울이고 있으면 말하는 사람은 그가 주의를 집중해 주는 것만 으로도 격려를 받는다. 그러한 주의집중은 "나는 너를 걱정하고 있다. 너는 중요한 존재다. 너를 돕기 위해 여기에 있다."라고 말하고 있는 셈이다.

셋째, 상대방에게 듣고 있다는 것을 확신시킨다. 적극적으로 경청한다는 것이 듣는 쪽에서 완전히 침묵한다는 것은 아니다. 타인의 말을 들을 때에는 듣는 사람이 이해하고 있다거나 그것을 받아들이고 있다는 것을 보여 주는 것이 좋다. 가끔씩 "아, 그래." 또는 "음-음."과 같은 단순한 말이라도 해 주면 좋다. 상대가 하는 말을 분명하게 하기 위하여 질문을 해도 좋고, 길거나 복잡한 이야기는 요약해서 반응해도 좋다.

넷째, 최대한 공감을 하면서 듣는다. 공감은 타인이 느끼는 감정을 함께 나누는 기술이다. 화자가 느끼는 감정의 일부분이라도 경청자가 느낄 수 있도록 해 보고, 화자의 말에 대해서 경청자가 충격을 받았다는 어조나 얼굴표정을 나타내 보이는 것도 중요하다. 요컨대, 듣는 쪽은 화자가 말하고 있는 것의 저변에 깔린 느낌까지도 듣고 있는 것이다.

다섯째, 감정에 귀를 기울인다. 문제를 둘러싸고 있는 우리의 감정을 인정한다는 것은 그 문제를 다루는 첫 번째 단계이다. 듣는 쪽은 화자가 하는 이야기의 내용뿐만 아니라 화자가 겪고 있는 감정까지도 들어 줌으로써 그들로 하여금 자신의 감정을 인정하는 것을 익히도록 도와줄 수 있다.

(2) 경청의 5단계

우리는 누군가와 대화를 나누거나 다른 사람들이 말할 때 다섯 가지(무시, 듣는 척, 선택적 경청, 자전적 경청, 공감적 경청) 가운데 한 가지 형태로 듣기를 한다. 1단계 무시하기는 이야기를 전달하는 전달자가 이야기를 하여도 수신자가 듣지 않는 단계로서 이 단계에서는 수신자가 상대방의 이야기를 무시한다. 그러므로 서로 커뮤니케이션이 될 수 없다. 2단계는 상대방의 이야기를 듣는 척하는 단계로서 이야기의 내용은 전혀 전달되지 않고 전달자는 수신자의 이런 태도로 인해 자칫 마음의 상처를 입을 수 있다. 3단계 선택적 듣기에서 전달자는 수신자에게 이야기를 하지만 수신자는 자신이 듣고 싶은 내용만 골라서 듣는 단계이다. 이 단계에서는 이야기가 끝나고 나면 서로 내용의 차이가 발생한다. 간혹 메시지의 의미를 오해하기도 한다. 4단계 귀 기울여 듣기는 전달자가 이야기를 할 때 수신자는 전달자의 이야기에 귀를 기울이며 집중하는 단계이다. 그러므로 이 단계에서는 전달자도 수신자가 이야기에 집중한다는 느낌을 받으며 수신자 또한 내용을 잘 파악할 수 있다. 그러나 귀 기울여 듣는 경청만으로는 커뮤니케이션 현장에서 공감을 하기가 어렵다. 5단계 공감적 듣기는 전달자와 수신자가 서로 이야기의 숨겨진 의도를 파악하기도 하고 질문과 요약 등의 단계를 확인하므로 소통의 질을 높여 주는 가장 좋은 단계이다.

그러나 많은 사람은 남의 이야기를 들으려고 하기보다는 자신의 이야기를 하려고 애를 쓴다. 그러나 간혹 공감적 경청을 실천하는 사람들은 다른 사람들이 진정으로 말하려고 하는 의미를 파악하려 하고 그들의 입장에서 이해하고자 노력한다. 또 다른 경청에는 수동적 경청이 있다. 이 방법은 상대방에게 주의를 기울이거나 공감해 주지 않고 그저 말하도록 내버려두는 것이다. 그리고 적극적 경청은 말하는 사람에게 주의를 집중하고 최대한 공감해 주는 경청 방법이다. 상대방과 눈을 맞추고 고개를 끄덕이고 추임새를 넣으면서 듣는 방법으로서, 이때 말하는 사람은 신이 나고 더 많은 아이디어를 얘기하게 되며 존중받는 느낌을 갖는다. 경청의 최고 단계는 맥락적 경청으로서 말하지 않는 것까지 듣는 경청법이다. 이 방법은 말 그 자체가 아니라 그 말이 어떤 맥락에서 나온 말인지, 말하는 그 사람의 의도나 감정 또는 배경까지 헤아리면서 듣는 것을 말한다.

활동
생각해 보기

〈경청이 안 되는 이유는 무엇일까?〉

- 자신이 할 이야기를 생각하고 있기 때문에
- 상대의 이야기를 내 경험에 비추어 생각하기 때문에
- 상대의 이야기를 평가하고 나의 기준으로 판단하기 때문에
- 다른 생각을 하고 있기 때문에
- 심신이 피로하여 집중하지 못하기 때문에

〈자신이 생각하는 경청이 안 되는 이유를 적어 보자.〉

•

•

•

•

4) 마음의 문을 열고 바라봐: 공감적 경청

공감적 경청이란 상대방이 전달하고자 하는 말의 내용은 물론 그 내면에 깔려 있는 동기나 정서에 귀 기울여 듣고 이해한 바를 상대방에게 표현해 주는 것이다. 이러한 공감적 경청은 인간관계를 더욱 만족스럽고 행복하게 만들어 준다. 그렇다면 어떻게 행동하는 것이 공감적 경청을 증진시켜 줄까? 그 방법은 다음과 같다.

첫째, 상대방을 쳐다보라. 잘 듣기 위해서는 상대방에게 시간과 마음을 내어주어야 한다. 일 처리를 하면서 또는 컴퓨터 화면을 보면서 듣지 마라. 시선을 책이나 TV에 두면서 듣기를 시작하지 마라. 지금 해야 할 모든 일을 접어두고 대화에 집중하라. 전화 대화도 마찬가지이다. 만약 시간이 없다면 대화

의 시간을 따로 정하는 것이 좋다.

둘째, 끼어들지 말라. 대화 도중 남의 말에 불쑥 끼어드는 것은 그의 발을 밟는 것만큼이나 무례한 행동이기 때문에 상대방에게 충분히 시간을 주어 이야기를 다 하도록 기다려야 한다. 가끔씩 맞장구를 쳐 주는 것이 더 효과적이다.

셋째, 이해하라. 연구에 따르면 대부분의 사람은 상대방의 말이 끝나자마자 말한 내용의 50%를 잊어버린다고 한다. 또한 시간이 지날수록 기억하는 양보다는 잊어버리는 양이 많아서 하루가 지나면 25~27%만 기억에 남는다고 한다. 그러므로 머리와 마음으로 들으며 그 내용을 이해하되 그 사람의 말의 이면에 숨겨진 감정을 포함해서 이해해야 한다.

넷째, 의도를 파악하라. 서로 다른 목적을 가지고 대화를 나누게 되면 진정한 대화를 하지 못하고 오히려 갈등이 깊어지기도 한다. 화성에서 온 남자, 금성에서 온 여자에서도 대화의 목적에 차이가 있으며 남자들은 대부분 문제의 해결을 위해 대화하고 여성들은 상대방이 공감해 주길 바라는 마음에서 대화하는 경향이 있다. 경청을 통해 상대방의 의도를 잘 파악할 수 있도록 해야 한다.

다섯째, 판단을 보류하라. 간혹 대화를 나누다 보면 상대의 말로 인해 감정이 격해지거나 몰입되어 앞서가는 경우가 있다. 그러나 무턱대고 화를 내기보다는 상대방이 말하고자 하는 의도와 핵심을 놓치지 않기 위해서는 섣부른 판단을 유보하고 기다리는 것이 현명하다.

여섯째, 자주 반응을 보여라. 간혹 상대방의 말에 반응을 보이면서 대화를 촉진해 주는 것은 열심히 듣고 있다는 사실을 상대방에게 확인시켜 주는 것이다. 그러므로 상대방의 말에 대해 그가 사용한 언어로 다시 요점을 정리해 주는 것도 필요하다. 그때 상대방은 더욱 호감을 갖게 되고 더 많은 정보를 공유하게 된다.

일곱째, 적절한 질문을 던져 확인하라. 상대방이 어느 정도 하고 싶은 말을 털어놓았을 시점에서 적절한 질문을 던진다. 되도록 질문은 간결하면서도 관심을 담은 내용이어야 한다. 또 상대방의 말이 주제를 빗나가고 있을 경우 환기시키는 차원의 반문을 통해 대화의 초점을 맞추어 가는 것이 좋다.

활동

공감적 경청하기 역할극

① 둘씩 짝을 지어 말할 사람과 들을 사람을 정한다.
② 등을 대고 앉아서 한 명은 이야기를 하고 한 명은 듣는다.
③ 옆으로 앉아서 말하되, 듣는 사람은 전혀 듣지 않는 태도를 취한다.
④ 마주 보고 앉아서 말하되, 듣는 사람은 말하는 사람을 바라보기만 하고 절대 반응하지 않는다.
⑤ 마주 보고 앉아서 말하되, 듣는 사람은 적극적이고 긍정적으로 반응한다.

5) 나-전달법을 사용하라

나-전달법(I-message)이란 P.E.T 창시자인 토머스 고든(Thomas Gordon)에 의하여 창시된 용어로서 어떠한 문제를 소유했을 때 사용하는 기법이다. 이와 반대로는 너-전달법(You-message)이 있는데 '너'를 중심으로 하는 표현을 사용하여 상대방의 행동을 표현하는 방법이 있다. 나-전달법은 '나'를 중심으로 하는 표현을 사용하여 상대방의 행동과 관련된 자신의 생각이나 감정을 표현하는 대화방식으로, 상대방에게 개방적이고 솔직하다는 느낌을 전달함으로써 상대방과 관계된 문제해결에 더욱 효과적일 수 있다.

다음은 나-전달법 사용의 원리에 관한 내용이다.

나-전달법 = 행동 + 영향 + 감정

나-전달법은 문제가 되는 상대방의 행동과 상황을 구체적으로 상대방에게 말한다. 이때 어떠한 평가도 하지 말아야 하며 비판이나 비난의 의미를 담지 말고, 단지 객관적인 사실만을 말하는 것이 좋다. 그리고 상대방의 그러한 행동이 자신에게 미친 영향을 구체적으로 말한다. 중요한 것은 상대방의 행동에 대해 비난 없는 서술과 내게 미치는 구체적인 영향, 느낌이 잘 전달되도록 해야 한다. 또한 나-전달법은 다른 사람을 평가하고 해석하는 그런 것이 아니라 나 자신이 느끼는 감정과 경험을 표현하는 것이다.

표 6-1 나-전달법과 너-전달법의 비교분석

분류	나-전달법	너-전달법
정의	'나'를 중심으로 하여 상대방의 행동에 대한 자신의 생각이나 감정을 표현하는 대화방식	'너'를 중심으로 하여 상대방의 행동을 표현하는 대화방식
의사표현 예	아빠: 아빠가 지금 몹시 피곤해. 아들: 아빠가 지금 피곤하시구나.	아빠: 귀찮게 굴지 말고 저리 가지 못해! 아들: 나는 귀찮은 아이로구나.
결과	• 상대방에게 자신의 입장과 감정을 전달함으로써 상호 이해를 도울 수 있다. • 상대방에게 개방적이고 솔직하다는 느낌을 전달하게 된다. • 상대방은 자신의 느낌을 수용하고 자발적으로 자신의 문제를 해결하고자 하는 의도를 갖게 된다.	• 상대방에게 문제가 있다고 표현함으로써 상호 관계를 파괴하게 된다. • 상대방에게 일방적으로 강요, 비난, 공격하는 느낌을 전달하게 된다. • 상대방은 변명하려 하거나 반감, 저항, 공격성을 보이게 된다.

(1) 나-전달법의 진행순서

① 1단계: 자신의 생각이나 감정을 '나'를 주어로 해서 전달하되 문제를 유발하는 상대의 행동이 무엇인지를 파악한다.

② 2단계: 상대방의 행동이 자신에게 어떤 영향을 끼치고 있는지에 관해 상대방에게 문제가 되는 행동이나 상황을 구체적으로 말한다.

③ 3단계: 상대방의 행동이 나에게 미친 영향을 구체적으로, 즉 나는 그 결과에 대해 어떤 느낌을 가지고 있는지 정확하게 말한다.

④ 4단계: 상대방의 행동으로 야기된 나의 감정을 솔직하게 인정하고 말한다.

⑤ 5단계: 내 마음을 경청한 후 상대방의 말을 경청한다.

(2) 나-전달법의 장점

첫째, 방어심리를 감소시킨다. 나-전달법은 상대방을 직접 판단, 평가, 공격하는 것이 아니기 때문에 방어심리를 덜 유발한다.

둘째, 솔직성을 갖게 된다. 누구든 솔직한 이야기를 들으면 함께 솔직해지기 쉽고 훨씬 진지하게 대화에 임할 수 있다.

셋째, 원만한 관계를 유지시킨다. 상대방을 비난하지 않고 오로지 문제가 되는 그 행동의 결과를 구체적이고 객관적으로 기술함으로써 그 행동이 나에게 미친 영향을 전달하기 때문이다. 만약 상대방의 행동이 문제가 되어 자신의 감정이 불쾌해질 경우 대부분 상대방을 가리켜 '너'를 주어로 사용하여 문제 해결을 시도하려고 한다.

넷째, 행동을 교정하는 데 효과적이다. 자신이 취한 행동에 대해 스스로 책임지도록 하고 자신을 더 잘 이해하게 하며 상대방에게 자신의 감정을 더 잘 알릴 수 있도록 도와주고 상대방의 반응을 자연스럽게 개방하게 한다.

다섯째, 긍정적 인간관계를 형성하게 한다. '너'를 주어로 표현하기보다는 '나'를 주어로 표현하기 때문에 자신과 상대방이 동등하다는 태도에서 상대방에게 자신의 진실한 마음과 감정을 드러내 주어 원활한 의사소통을 도와준다.

이러한 나-전달법을 효과적으로 사용하는 요령은 다음과 같다.

첫째, 당신이 문제점으로 보는 행동이나 상황을 보는 그대로 말하고, 부정적 정서를 강조하지 않는다.

둘째, 그 상황에 대해서 느끼는 바를 말하고 진심을 상대방에게 전달한다.

셋째, '내가 ~라고 생각한다.'라는 표현으로 부정적인 너-전달법을 살짝 감추면서 표현한다.

넷째, 내가 원하는 바를 구체적으로 말하되 너무 감정을 전하지 않는다.

다섯째, 반드시 상대를 평가하지 않는다.

여섯째, 일관되게 사용하는 것이 바람직하다.

활동
생각 나누기

※ 다음 상황에서 '나-전달법(사실, 나의 감정, 바람)'으로 효과적인 자기표현을 해 보자.

상황 1. 친구가 약속시간에 너무 늦게 나타나서 화가 난다.

〈효과적인 표현〉

- 네가 약속시간에 늦게 와서(사실)
- 나는 네가 다른 사람들에게 약속 안 지키는 사람으로 각인될까 봐(감정)
- 약속시간 잘 지켜 줬으면 좋겠어(바람)

상황 2. 수업을 마치고 기숙사 방에 돌아와 보니 룸메이트가 방 안을 지저분하게 해 놓고 외출했다. 저녁에 룸메이트가 들어왔다.

〈효과적인 표현〉

-
-
-

상황 3. 나는 같은 동아리에서 활동하는 민준이가 항상 자기 의견을 고집하고 일을 독단적으로 처리하기 때문에 굉장히 화가 난다.

〈효과적인 표현〉

-
-
-

6) 갈등의 유형을 파악하고 대응하라

葛藤
칡 갈 등나무 등

대인관계에서 오해와 이해 부족, 자신만의 입장에서 바라보는 등의 문제로 인하여 갈등은 생길 수밖에 없다. 갈등이란 무엇인가? 갈등이라는 한자를 풀이하면 칡[葛]과 등나무[藤]를 의미하는 단어다. 즉, 칡덩쿨과 등나무가 서로 복잡하게 얽혀서 풀어지지 않는 상황을 의미한다. 각자 존재할 때는 괜찮은 의미와 쓰임새를 갖고 있으나 서로 엉키면 대책불능이라는 의미로서 이 상황에서 이른바 '갈등'이 발생하는 것이다. 이러한 갈등은 '일이나 인간관계가 까다롭게 얽혀서 풀기 어려운 상태 또는 내부 상황에서 서로의 생각이 충돌하는 상황'을 가리키는 말로 쓰인다.

① 서로 목표나 이해관계가 달라 부정적인 감정을 가지고 대립하는 상태
② 다양한 인간관계에서 다양한 원인으로 갈등이 발생함

갈등은 서로의 관계를 지속해 나가기에 매우 어려움을 느끼는 상태이므로 부정적이라는 생각이 들기도 하지만 간혹 상대방과의 이러한 갈등으로 인

표 6-2 대상별 갈등원인

대상	갈등원인
부부간의 갈등	가정 경제, 자녀 교육, 가족 관계, 성격 차이, 집안 대소사 등
부모 자녀 간의 갈등	학업 및 진로 문제, 가치관의 차이 등
형제자매 간의 갈등	성격 차이, 협조 부족, 제한된 자원에 대한 경쟁, 서열 문제, 부모의 기대 등
가족 구성원 간의 갈등	경제 사정의 악화, 가족 관계의 해체 등
친구 관계의 갈등	성격 차이, 상대방의 마음을 상하게 하는 말이나 행동 등
주변 사람들과의 갈등	의사소통 장애, 역할 수행 미흡, 생활 태도의 문제 등

해 오히려 돈독해지는 계기가 되기도 한다. 건강한 인간관계를 유지하기 위해서는 이러한 갈등을 바람직한 의사소통을 통해 현명하게 해결하는 지혜가 필요하다. 그렇다면 갈등이 일어나는 원인은 무엇일까? 다음과 같은 대상별 갈등의 원인이 있을 수 있다.

(1) 갈등의 유형과 의사소통 대응

갈등 발생의 유형을 이해하게 되면 갈등 해결 과정에서 도움을 준다. 갈등 유형은 크게 5가지로 나뉘는데, 첫째, **가치관 갈등**(value conflict), 둘째, **구조적 갈등**(structural conflict), 셋째, **이해관계 갈등**(interest conflict), 넷째, **사실관계 갈등**(data conflict), 다섯째, **관계상의 갈등**(relationship conflict)이다. 이러한 갈등은 한 가지 유형으로만 나타나는 것이 아니라 두 가지 이상의 유형이 복합적으로 나타나기도 한다.

갈등에 대해서도 다음과 같이 다양한 의사소통 대응방식이 나타난다.

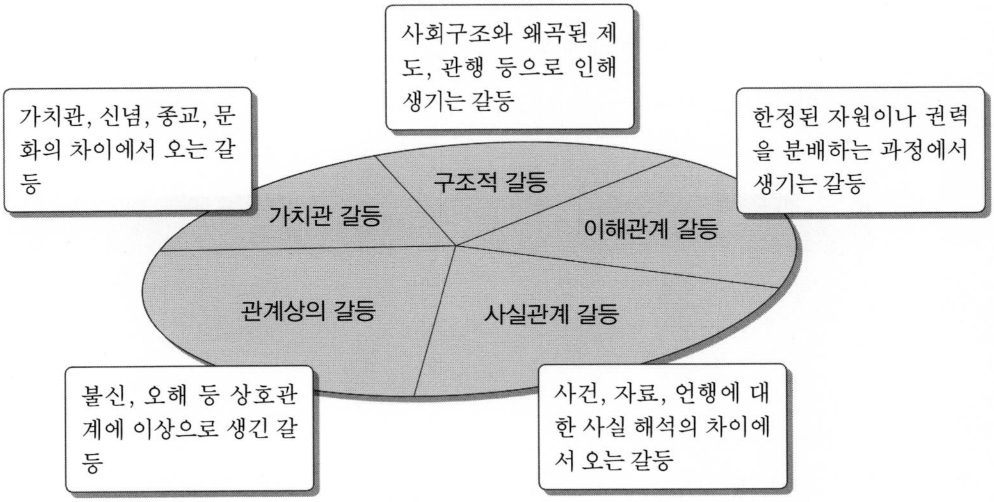

그림 6-6 갈등의 유형

출처: Moor(1986).

- 무관심형: 상대방의 이야기에 고개를 끄덕거리며 듣는 척하지만 실제로는 듣지 않고 전혀 딴생각을 하는 사람을 말한다.
- 가로막기형: 다른 사람이 자기 이야기를 들어 주기를 바라지만 정작 자신은 상대방의 이야기는 들으려는 의지가 없는 사람을 말한다. 남의 말을 도중에 가로막고 자기 말만 하려는 사람들 중 이런 유형이 많다.
- 멋대로형: 다른 사람의 이야기를 들을 때 전체를 듣지 않고 일부분만 들으면서, 듣지 않은 부분은 자기 생각을 멋대로 채워 넣어 상대방이 말한 내용을 자기 나름대로 해석하는 사람을 말한다.
- 꿀벌형: 이 유형은 자신이 흥미 있는 내용만 듣고 나머지는 듣지 않는 사람을 말한다. 이런 사람은 마치 꿀벌이 꽃에서 필요한 꿀만 따고, 정작 꽃은 보지 않는 것과 같기 때문에 이렇게 부른다.
- 귀머거리형: 남의 말은 전혀 듣지 않는 사람을 말한다. 겉으로도 전혀 듣지 않는 것처럼 행동하거나 말하는 이의 이야기를 전혀 이해 못하는 척하며, 설사 듣더라도 그 내용을 금방 잊어버리는 유형이다.
- 창던지기형: 남의 이야기를 들으면 상대방이 잘못을 저지르기를 기다렸다는 듯이 마치 적에게 창을 던지듯 그것을 반박하는 사람을 일컬으며, 이 유형을 방어형이라고도 부른다.

활동

생각해 보기

나의 유형은?	
어떤 상황에서?	

(2) 갈등의 단계와 영향

누구나 타인들과의 만남에서 갈등을 경험하게 된다. 갈등의 원인 또한 매우 다양하다. 세대와 가치관의 차이로 인한 갈등이 발생하기도 하고 서로 간의 대화 부족으로 갈등이 발생하기도 한다. 또는 서로에게 책임을 전가하거나 너무나 큰 역할을 기대하는 일들로 인해 갈등이 나타나기도 한다. 물론 갈등상황은 부정적인 영향만 주는 것은 아니다.

다음은 갈등이 일어나는 단계이다.

① 갈등의 전 단계: 당사자들이 긴장상태에서 대치의 가능성을 인지하고 서로 접촉하고 싶어 하지 않지만 다른 이들은 알지 못하는 상태를 의미한다.

② 대치국면: 간헐적인 싸움이나 낮은 단계의 폭력이 발생하기도 하는 단계이다. 만약 한쪽에서만 문제를 느낀다면 그 지지자들이 어떤 행동을 시작할 수도 있는 단계로서 당사자들은 대치국면이 가파르게 전개됨에 따라 필요한 자원과 힘을 모으는 단계이다.

③ 위기국면: 긴장이나 폭력이 가장 심한 상태이다. 즉, 갈등의 최정점 단계로서 정상적인 소통은 중지된 상태에서 상대방에 대한 비난만 남겨진 단계이다.

④ 결말: 어떤 경우이든 이 단계는 화해의 가능성과 함께 긴장과 폭력 상태가 다소 수그러들기 시작하는 단계이다.

⑤ 갈등 이후 단계: 어떤 방식이든 해결되어 긴장 상태는 약화되고 좀 더 정상적인 관계로 회복되는 단계로서 또 다른 '갈등의 전 단계'로 되돌아가기도 한다.

사람들은 보통 갈등을 부정적인 것으로만 바라보는 경향이 있다. 따라서 갈등이 없는 세상을 꿈꾸기도 한다. 그러나 갈등은 살아가는 데 필연적인 것이다. 모든 인간의 욕구가 똑같지 않듯이 갈등은 어찌 보면 다양한 욕구와 이해를 드러내고 표현하는 건강한 신호이기도 하다. 따라서 갈등은 그 자체가 부정적이라기보다 어떻게 다루는가에 따라 폭력적으로 될 수도 있고 평화적인 해결의 능력을 키우는 것이 되기도 한다.

갈등을 해결해 나간다는 것은 서로의 차이를 조금씩 좁혀 간다는 의미이고, 그만큼 이해의 폭이 넓어지고 성숙해 간다는 의미이다. 따라서 갈등을 부정적인 것으로만 바라보았던 시각에서 갈등이 가지고 있는 긍정성을 보고, 갈등을 효과적으로 해결해 간다면 그 과정은 또 다른 도전과 발전의 기회가 될 것이다. 가장 먼저 갈등이 발생했을 경우 그 갈등의 원인을 분명히 파악하고 해결방안을 찾아야 한다. 만약 갈등 상황에서 일방적으로 자신의 의견만을 주장하는 것은 갈등 해소에 도움이 되지 않는다. 따라서 서로의 관계를 대등하게 유지하고 존중해 주는 범위 안에서 서로의 욕구를 충족시킬 수 있는 의사소통이 효과적이다.

갈등의 긍정적 영향은 다음과 같다.

첫째, 갈등을 드러냄으로써 긴장이나 불쾌감, 원망 등을 감소시킨다.

둘째, 갈등을 해결하는 과정에서 서로를 더 깊이 이해하게 된다.

셋째, 다양한 갈등 상황에 대처하는 능력을 향상시킨다.

갈등의 부정적 영향은 다음과 같다.

첫째, 갈등이 지속될 경우 스트레스의 원인이 된다.

둘째, 갈등이 원만하게 해결되지 못할 경우, 서로의 관계가 소원해진다.

셋째, 갈등은 개인의 자존감을 낮추어 능력을 저하시킨다.

(3) 갈등의 단계와 대응법

바람직한 갈등 해결 과정을 단계별로 제시하고자 한다.

① 1단계: 갈등 확인단계

왜 그러한 갈등이 발생하였는지에 관한 알아차림이다. 갈등 상황에 대해 정확히 파악하고 상대방과 어떤 문제로 갈등이 발생하게 되었는지 확인한다.

② 2단계: 해결 방법 탐색단계

알아차림을 통해 문제를 분석하고 갈등을 해결하기 위한 방안을 마련하는 것이다. 이 단계에서는 갈등 원인을 파악하고 정보를 수집한다.

③ 3단계: 해결 방법 결정단계

갈등 해결 방안을 구체화하는 방법을 모색하는 것이다. 이 단계에서는 대안을 비교해 보고 그중 구체적인 방법을 선택한다.

④ 4단계: 실행 및 평가단계

상대방에게 갈등 해결 방법을 적용하는 것이다. 이 단계에서는 만약 실행 방법이 잘못된 경우라면 전 단계로 돌아가 다른 해결책을 모색할 수 있다. 적용한 방법이 잘되었을 경우와 잘못되었을 경우를 분석하고 파악한 후, 만약 적용이 잘되었다면 그 사람과 화해를 통한 회복의 시간을 갖는 것이다.

갈등이 발생하였을 경우 가장 바람직한 방법은 민주적인 절차로 해결하는 것이다. 이를 통해 더욱 더 성장하게 되고 상대방과의 관계에 대한 결속력은 더욱 강화될 수 있다. 다음은 갈등 해결 대응법이다.

첫째, 마음속의 오해는 하나씩 풀어 간다. 갈등은 누구에게나 언제든 발생할 수 있다. 그러나 이때 여러 이야기를 한꺼번에 쏟아 내면 갈등과 다툼이 더 커지는 법이다. 따라서 여러 가지 문제가 있더라도 하나씩 해결해야 한다. 그래야 서로 진정이 되고, 문제도 해결될 수 있다.

둘째, 현재의 그 문제에만 초점을 둔다. 누구나 갈등이 일어나면 문제의 초점에서 벗어나 여러 가지 복합적 상황으로 상대방을 비난하는데, 이러한 방식은 서로의 감정을 상하게 하고 오해를 불러일으켜 더욱 문제를 어렵게 한다.

셋째, 감정적인 말은 뱉지 않는다. 갈등이 발생하고 다툼으로 이어지면 감정 섞인 비난이 오고 간다. 서로 마음을 아프게 하는 이야기를 하면서 불쾌한 감정을 교환하고 그래야 직성이 풀린다고 느끼지만 상황이 악화될 뿐이다. 따라서 그러한 상황에서는 상대방을 자극하는 감정적인 단어는 사용하지 말아야 한다.

넷째, 상대방의 약점을 공격하지 않는다. 갈등 상황이 극대화되면 이 갈등이 왜 발생하였으며 갈등 상황을 어떻게 극복하겠느냐 하는 것을 이야기하게 되는데, 이것의 궁극적인 목적은 문제를 해결하고 좋은 인간관계를 형성하는 것이다. 그러므로 상대방을 비난하거나 약점을 건드리는 행동은 하지 말아야 한다.

다섯째, 상대방에게 자신의 요구를 분명히 표현한다. 갈등 상황에서 가장 중요한 것은 자신이 무엇을 상대방에게 요구하고자 하는지 그 요구하고자 하는 부분을 정확히 표현하는 것이다. 만약 다른 사람을 통하여 자신의 마음을 전달해 달라고 하거나 회피하면 오히려 문제 해결이 더 어려워진다.

여기서 잠깐! 나만의 갈등 해결 방식을 만들어 보자. 그리고 가장 좋은 대화의 방법을 터득해 보자. 다음은 갈등 해결 방식의 방안이다.

첫째, 갈등의 필연성을 인정한다. 인간관계에서 갈등은 필연적이며, 모든 갈등은 차이에서 비롯된다는 사실을 받아들인다.

둘째, 차이로 인한 좋은 점을 찾아본다. 세상은 서로 다른 7음계와 일곱 가지 색이 서로 간섭하지 않고 조화를 이루기 때문에 아름다운 것이다.

셋째, 문제가 되는 사람 한 명을 선택한다. 최근 다르다는 것 때문에 갈등을 겪고 있는 사람 한 명을 찾아본다.

넷째, 차이점을 구체적으로 찾아본다. 나와 다르다는 것 때문에 나쁘다고 생각되는 그의 생각이나 행동 한 가지를 선택한다.

다섯째, 흑백논리로 판단하지 않는다. 옳다, 그르다는 식의 흑백논리로 판단하기보다 상대의 관점에서 다를 수밖에 없는 이유를 찾아본다.

여섯째, 상대방이 바라는 바를 찾아본다. 그의 입장에서 그가 나에게 바라는 바가 무엇인지를 찾아 내가 그에게 바라는 것과 비교해 본다.

일곱째, 공통점을 찾아 감정을 표현한다. 상대를 판단하기보다 공통점을 찾아보고, 공통점을 기반으로 자신의 의견이나 감정을 표현한다.

활동

생각 나누기

1. 갈등이 일어나는 원인은 무엇이라고 생각하는가?

2. 갈등을 해결하는 방안은 무엇이라고 생각하는가?

3. 가장 현명한 갈등 해결 방법은 무엇이라고 생각하는가?

4. 이 외에도 자신이 경험한 갈등과 해결 방법은 무엇이었는가?

활동

갈등 해결 프로그램: 갈등나무 그리기

- **프로그램 목적**: 갈등의 원인과 결과를 이해하고 표출된 갈등 이면에 다양한 원인이 있음을 이해한다.
- **진행 방법**:

① 신문에서 분야(정치 · 경제 · 사회 · 문화)별 갈등사례를 3가지씩 찾아낸다.

② 갈등의 원인과 결과를 논의해 보고, 각각을 색지에 써서 나무의 뿌리, 줄기, 잎에 적절히 붙인다.

③ 모두 모아 다시 정리하고 불명료한 것은 명확하게 정리한다.

④ 갈등의 원인과 결과를 정리한다.

3 달변가의 의사소통 비밀은 바로 이것!

전 미국 대통령 버락 오바마는 많은 사람에게 토론의 달인이라는 소리를 들을 만큼 달변가였다. 그러나 그는 2012년 당시 미국 대통령 후보였던 윌러드 미트 롬니(Willard Mitt Romney) 공화당 후보와 공개토론을 하게 되었다. 첫 TV 토론이었으니 오바마 측 토론팀은 철저하게 준비를 하였다. 그러나 오바마 대통령은 일정이 바쁜 나머지 충분한 연습을 하지 못한 채 토론장에 나가게 되었다. 토론 팀원들은 연습이 충분치 않았던 오바마를 걱정했으나 정작 오바마 자신은 실전에 강한 자신감을 내비치며 부하 직원들을 격려하였다. 그러나 막상 실전에 들어가자 역시나 롬니에게 오바마가 밀리는 모습이 연출되었다. 시간이 흐르자 오바마는 말까지 더듬었다. 그 결과 토론 여론조사 결과는 엄청난 파장을 몰고 왔다. 선거유세 기간 내내 오바마는 토론의 실패를 만회하기 위해 고군분투해야 했다.

그야말로 토론의 달인 달변가였던 오바마도 충분한 사전 연습을 하지 않으면 실수를 하게 된다는 것을 보여 준 사례이다. 이처럼 누구나 처음부터 달변가는 없으며 처음부터 전문가는 존재하지 않는다. 그만큼 자신이 전문가가 되기 위해서는 철저한 사전 준비와 엄청난 시간의 연습이 필요하다는 것을 극명하게 보여 준 사례이다. 말하기 또한 마찬가지이다. 자신이 말을 잘하고 싶다면 말하는 연습을 충분히 해야 한다. 그리고 좀 더 소통하고 공감을 하는 말하기가 필요하면 그만큼의 시간을 투자해야 하는 것이다. 그리고 말을 잘하기 위해서는 특별한 기술이 필요하다.

다음은 '달변가가 되기 위한 효과적인 말하기'의 기술이다. 누구나 말을 할 수 있지만 아무나 잘 말하는 것은 아니다. 특히 처음 만나는 사람이나 낯선 사람과의 대화 또는 대화의 맥락을 지루하지 않게 이어 가는 대화법 등이 필요하다. 흔히 소통이 중요한 시대라고 이야기를 하는데, 소통의 기본은 말하기다. 누군가의 마음의 문을 열게 하는 대화는 듣기를 우선으로 한 다음 상대방의 마음과 감정을 움직이는 말을 쏟아부어야 한다. 이처럼 말하기에도 연습이 필요하다. 흔히 말하기의 기술이 있다고 이야기하면 말하는 것에 무슨 기술이 있냐는 반문을 하는 사람들이 많다. 하지만 상대방과 라포를 형성하고 대화를 지루하지 않게 이어 가기 위해서는 스킬을 발휘해야 한다. 이처럼 효과적 말하기란 말하는 사람 자신의 느낌과 생각, 욕구를 상대방에게 정확하게 표현함으로써 상대방과 원활한 대화를 이어 가는 것이다. 상대방을 서로 존중하면서 자신의 진심이 상대방에게 전해지고 상대방의 진심 또한 자신에게 전달되어 서로 합의점을 찾아 나가는 대화를 의미한다.

어느 한 사람이라도 효과적인 말하기를 한다면 불필요한 갈등이나 오해를 줄이고, 상대방을 온전히 존중하게 된다. 따라서 효과적인 말하기는 결국 대화를 주고받는 상대에 대한 이해를 넓히고 수용하는 과정인 것이다.

달변가가 되기 위한 효과적인 말하기를 할 때의 주의점

첫째, 자신의 감정에 솔직해야 한다.
둘째, 상대방의 말을 있는 그대로 수용하고 자신의 생각을 정리하여야 한다.
셋째, 상대방에게 분명한 어조로 의사전달을 하여야 한다.
넷째, 절대 비판적인 단어를 사용하지 말아야 한다.
다섯째, 특정 상대를 비난하거나 비판하지 말아야 한다.
여섯째, 그 어느 누구와도 부정적인 비교를 하지 말아야 한다.
일곱째, 이미 지나간 나쁜 내용을 상기시키지 않도록 한다.
여덟째, 상대방을 공격하거나 감정적으로 말하지 않아야 한다.

활동
내가 생각하는 효과적인 말하기의 필수요건

-
-
-
-

1) 의사소통의 달인이 되는 방법

세계적인 비즈니스 스쿨 교육강사인 페기 글라우스(Peggy Glaus)는 인간의 의사소통을 위한 '바람직한 의사소통 기술 6가지'를 제시하였다. 그가 제시한 6가지의 바람직한 의사소통 기술을 살펴보면 다음과 같다.

(1) 상대방의 말에 귀를 기울여라

상대방의 말이 끝나기 전에 말을 자른다든지 끼어들지 말고 상대방의 말이 끝날 때까지 들어 주어라. 상대방의 이야기에 귀를 기울여 주고 공감하면 상대방은 당신에게 신뢰감을 갖게 되고, 당신을 매우 좋은 사람이라고 인식할 것이다. 대부분의 사람은 누구나 자신의 말을 경청해 주고 공감해 주기를 바란다. 그리고 자연스러운 눈빛으로 상대방이 이야기를 할 때 고개를 끄덕거려 주기도 하고 '그렇군요.'라는 말을 하며 경청해 주어라. 단, 가슴으로 상대방의 이야기를 들어 주는 진정성이 필요하다.

(2) 상대방에게 의사소통방식을 맞춰라

상대방이 어떤 유형인지, 어떤 부분에 관심을 가지는지, 그 사람이 추구하는 라이프스타일은 어떤지 등 상대방의 의사소통 방식을 간파하고 맞춰 주는 것이 좋다. 그리고 간혹 여러 사람과 만나서 대화를 할 경우에는 조정자가 되어 분위기를 조절하는 것이 좋다.

(3) '감사합니다' '부탁합니다' '죄송합니다'라는 마법의 단어를 활용하라

사실 여러 단어 중에서 상대방이 내 부탁을 거절하지 못하게 만드는 단어들이 있다. 제목에서 제시하지 않은 단어들 중에도 대화 시 적절하게 사용하면 된다. 그러나 그런 단어를 사용할 때 자세와 눈빛도 중요하다. 약간 미안해하듯 상대방에게 사과하는 듯한 목소리와 태도가 중요하다. 그리고 무엇보다 상대방에게 자신이 용서를 구하고 부탁을 하는 느낌을 전달하게 된다면 상대방의 마음을 마법처럼 열어 줄 것이다.

(4) 질문을 할 때도 자신만의 전략이 필요하다

질문을 할 때 그 상황과 상대방과의 관계를 잘 파악한 후 적절한 질문을 해야 한다. 예를 들어, 상대방이 전혀 예상하지 못하는 엉뚱한 질문을 하게 되면 오히려 관계를 악화시킬 수 있고 상대방이 당신을 오해할 수도 있다. 그러므로 적절한 질문을 주고받으면 대화의 방식이 훨씬 자연스러울 것이다.

(5) 마음 상하는 뒷담화를 듣더라도 무시하라

사람은 누구나 자신의 험담이나 뒷담화를 한다면 그 사람에 대해 좋지 않은 감정을 갖게 된다. 유대인들은 남의 뒷담화를 베개 안의 깃털을 칼로 찢어 끄집어내는 행동이라고 비유하였다. 이미 베개 밖으로 나온 깃털들은 다시 주워 담기가 힘든 것처럼, 사람의 마음에 말로 상처를 주게 되면 그 치유의 시간이 오래 걸린다는 것이다. 누군가와 남의 뒷담화를 하는 사람조차도 다른 누군가에게 다시 뒷담화의 상대가 될 수 있기 때문에 당사자가 자리에 없을 때 그에 관한 이야기는 절대 하지 않는 것이 좋다. 설사 그 이야기가 아무리 좋은 이야기이더라도 말이다.

(6) 사람들 앞에서 당당하게 발표하라. 발표공포증은 멀리 던져라.

누구나 많은 사람 앞에서 이야기를 하거나 발표를 하는 것은 힘들다. 이러한 두려움은 누구나 가지고 있기 때문에 발표하기 전 탄탄하게 발표 자료를 준비하는 습관을 길러야 한다. 발표 자료를 완벽하게 준비하게 되면 마음속에서 약간의 안정감을 가질 수 있기 때문이다. 그리고 발표하기 전 심호흡을 크게 세 번 정도 하고 미리미리 연습을 하도록 한다. 동영상으로 자신이 발표하는 모습을 촬영한 후 다시보기로 점검을 하게 되면 매우 안정적이고 자신감 있는 발표를 하는 데 큰 도움이 될 것이다.

활동

내가 생각하는 효과적인 의사소통 방법 10가지

①

②

③

④

⑤

⑥

⑦

⑧

⑨

⑩

2) 대상에 따른 의사소통 방법

흔히 주변 사람들 중 다른 사람과 대화를 나눌 때 다른 사람의 말을 긍정적인 자세로 잘 받아들이는 사람도 있지만 그와 반대로 자신의 주장만을 강하게 피력하려는 사람이 있다. 또는 대화 시에 감성적으로 반응을 보이는 사람이 있는 반면, 이성적이어서 어떤 장면에서도 계속 비판하는 사람도 있다. 이러한 특성을 나타내는 대상자들의 대화 유형을 우호형, 설득형, 분석형, 주도형으로 나눌 수 있다. 이 4가지 유형별 특성을 살펴보고 보다 더 효과적인 의사소통 방법을 이해하고자 한다.

(1) 우호적인 대상자

이 유형에는 상대방을 대할 때 부드럽지만 약간은 소극적인 느낌을 주는 사람들이 속한다. 이 유형의 사람들은 상대방의 이야기를 잘 들어 주고 타인을 배려한다.

① 대화방식

- 대화 시 매우 부드러운 목소리로 서두르지 않고 천천히 이야기한다.
- 대화를 나눌 때 상대방의 이야기가 끝난 후에 자신이 말한다.
- 상대방에게 매우 우호적이며 상대방에게 이야기를 시키고 싶어 한다.

② 장점과 단점

- 장점
  - 표정이 온화하여 대체적으로 대인관계에 능수능란하고 매우 협조적이다.
  - 쉽게 친해지고 친밀감을 느끼게 한다.
  - 상대방의 개인정보에 관심이 많고 상대방의 기분을 최대한 이해한다.

• 단점
–자기주장이 약하고 결단력이 부족하다.
–타인을 너무 신경 쓴 나머지 조심스럽고 의존성이 강하다.
–통제력과 계획성이 부족하다.

③ **대화전략**

• 우호적으로 대하고 유연한 태도로 적절한 유머를 사용한다.
• 도움이 될 수 있는 정보를 주고 적극적인 격려와 피드백을 해 준다.
• 대화 중 상대방을 이해하고 있다는 느낌을 주고 내용을 요약하여 명료화한다.

(2) 설득적인 대상자

이 유형은 설득형으로 감정표현이 풍부하고 활기찬 목소리로 제스처를 많이 사용하고 행동한다. 특히 자발적이고 자기주장이 확실하며 흥미롭거나 즐거운 일을 좋아하고 단조로운 일상을 싫어하지만 타인에게 인정이 많고 잘 배려한다.

① **대화방식**

• 농담을 좋아하며 목소리나 제스처가 크며 가끔씩 주제에서 벗어난다.
• 다소 과장된 말투를 쓰기도 하고 빠르고 정중한 말투로 이야기한다.
• 대화할 때 표정이 풍부하며 시선을 지속적으로 맞추고 당당하다.

② **장점과 단점**

• 장점
–적극적이고 매사에 활기가 넘치며 미래 지향적이다.
–상대를 자신에게 집중하게 만들며 개방적이다.

–목표를 높게 설정하기도 하지만 쉽게 열중하며 즐거운 일을 좋아한다.

- 단점

–시간 감각이 없고 가끔씩 충동적이며 설명서를 꼼꼼히 읽지 못한다.

–자신의 감정에 좌우되기 쉽고 종종 말과 행동이 주제에서 벗어난다.

–기분파라서 싫증을 잘 내고 정리정돈을 잘 못한다.

–쉽게 단정 짓거나 타인에게 자신의 의견을 강요한다.

③ 대화전략

- 상대방이 관심을 가질 수 있도록 분위기를 조성하고 믿음직스럽게 행동한다.
- 상대방에게 인정하고 있다는 표현을 자주 사용한다.
- 최대한 성실한 자세로 상대방을 대한다.

(3) 분석적인 대상자

이 유형은 침착하고 안정된 인상을 주며 조용한 태도를 보이고 가끔씩 냉정하게 행동한다. 성격상 감정적이기보다는 비교적 논리적인 사고로 현실적이며 합리적으로 사고하기 때문에 주변 사람들에게 자신이 충고하기를 좋아하는 유형이다. 특히 유익한 정보들을 모으고 분석하여 문제를 해결하려고 한다. 자신의 목표가 설정되면 끈기 있게 실천하며, 시간개념이 철저하기 때문에 자기관리를 잘 한다.

① 대화방식

- 말을 아끼며 심사숙고하여 천천히 주의 깊게, 때로는 조용히 이야기한다.
- 표정과 목소리의 변화가 적고 말수 또한 적어 경직되고 진지한 느낌을 준다.
- 느린 동작으로 천천히 걷고 제스처를 많이 사용하지 않으며 동작을 억

제한다.

② **장점과 단점**

- 장점
  - –매사에 진지하고 근면하며 현실적이고 실제적이다.
  - –논리적이고 체계적이지만 때로는 이성적이고 합리적이다.
  - –신중하며 위험을 무릅쓰지 않는다.
  - –분석력이 뛰어나며 시간 개념이 철저하여 자기관리를 잘한다.
- 단점
  - –너무 세심한 나머지 결단력과 유연성이 부족하다.
  - –엄격하며 사교성과 박력이 부족하다.
  - –표정변화가 없어 보수적이라는 소리를 자주 듣고 아이디어와 유머가 부족하다.
  - –혼자서 일하는 것을 좋아해 고립되기 쉽다.

③ **대화전략**

- 일관성 있고 논리 정연하여 목적을 명확하게 제시한다.
- 구체적이며 객관적인 태도를 취한다.
- 시간을 잘 지키고 예절에 신경 쓰며 경박한 언어를 사용하지 않는다.
- 대상자에게 돌봄을 제공할 때 순서를 정해 체계적으로 제공한다.

(4) 주도적인 대상자

자신이 주도권을 쥐고 목표를 설정하고 결정해야 직성이 풀리는 유형이다. 매사에 자신감이 넘치고 사물을 객관적으로 볼 줄 아는 안목도 있다. 매사에 신속하게 행동하고 결정적인 순간에 결단을 내릴 줄 알며 어떠한 일에서 좋은 결과를 얻기 위해 노력을 아끼지 않는다. 또한 이 유형은 사람의 감정보다 일의 능률과 효율성을 중시한다.

① 대화방식

- 솔직하고 단도직입적인 어휘를 사용하며 말이 조금 빠르다.
- 다소 강압적이며 자신감 있는 말투로 이야기한다.
- 정면을 응시하거나 주위를 경계하며 신속하게 행동한다.
- 목소리나 표정의 변화가 적고 제스처는 잘 사용하지 않는다.

② 장점과 단점

- 장점
  - 행동이 신속하고 효율적이고 능률적이며 시간개념이 철저하다.
  - 책임감이 강하여 도중에 포기하지 않고 일의 성과를 중시한다.
  - 말투가 간결하고 명료하며 스스로 솔선수범하며 매사에 열정적이다.
- 단점
  - 지나치게 자기중심적이라 타인에 대한 배려가 부족하다.
  - 말투가 딱딱하고 다소 억지가 강하고 엄하다.
  - 무리한 목표에 도전하기를 좋아하고 호전적이다.
  - 얼굴이나 목소리의 변화가 부족하고 차가운 느낌을 준다.
  - 소문이나 세상사에 어둡고 철저한 실리주의자이다.

③ 대화전략

- 대등한 입장에서 논의하기를 좋아하고 자신감을 갖고 대한다.
- 재량권과 주도권을 주면서도 한계를 명확하게 정해 준다.
- 행동에 민첩하게 대응한다.

활동
생각 나누기

1. 내 주변 사람들은 어떤 유형인가?

2. 내 주변의 우호적인 대상자는 누구인가?

3. 내 주변의 설득적인 대상자는 누구인가?

4. 내 주변의 분석적인 대상자는 누구인가?

5. 내 주변의 주도적인 대상자는 누구인가?

4 대상에 따라 방법을 달리하라

다음은 부부, 부모–자녀 간, 형제자매 간의 의사소통 방법에 관해 알아보고자 한다.

1) 부부(연인)간의 의사소통

(1) 의사소통에서의 남녀의 차이가 있는가

일반적으로 남녀 간에 의사소통의 차이가 있다고 인식하고 있다. 하지만 미국 위스콘신 주립대학교의 여성학자 재닛 쉬블리 하이드(Janet Shibley Hyde) 박사는 지난 20년간 관련 논문들에 대해 46건의 통합 분석을 실시한 결과 인격과 의사소통, 지도력 등 주요 분야에서 남녀 간의 차이가 거의 없다는 사실을 발견했다. 논란이 있지만 이 장에서는 일반적으로 받아들여지는 남녀 간의 의사소통의 차이가 있다는 관점에 초점을 두고 논의한다.

태넌(Tannen, 1990)에 따르면 의사소통은 두 가지 요소, 즉 친밀감과 독립과 관련된다. 남성과 여성들은 의사소통에 관련하여 다른 개념적 차이가 있다. 여성들은 친밀감에 초점을 두는 경향이 있으며 남성들은 독립에 초점을 두는 경향이다. 그래서 여성은 대화를 상대방과 친밀해질 수 있는 기회로 보며 상대방과의 관계를 확립하고 유지하기 위한 수단으로 생각한다. 남성은 상대방과 경쟁하는 기회로 보며 자신의 독립을 유지하기 위한 수단이며, '우

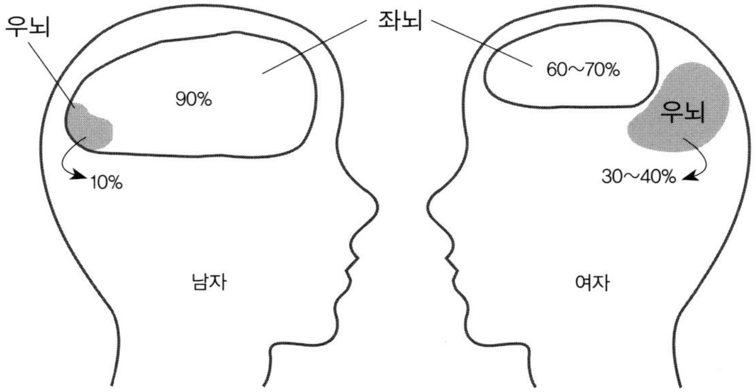

〈남자와 여자의 언어중추 차이〉

남자는 블루투스와 같다. 그는 당신이 가까이 있으면 항상 연결되지만, 당신이 멀리 있으면 다른 기기를 검색한다.

여자는 와이파이와 같다. 여자는 사용 가능한 모든 기기를 둘러보지만 가장 강력한 하나의 기기와 연결된다.

〈남자와 여자의 차이〉

출처: http://blog.naver.com/yh11chun/220592930166

리는 별개이며 다르다'는 뜻을 나타낸다고 하였다. 특히 남성은 '보고중심의 대화(report-talk)'를 하는 경향이 있어 지식을 전하는 말을 더 많이 하며, 반면 여성은 '관계중심의 대화(rapport-talk)'를 하는 경향이 있어 관계를 확립하고 지속하는 말을 더 많이 한다고 한다. 여성은 친밀의 욕구 때문에 남편(연인)이 어디에 갔었으며, 누구와 함께 있었는가를 알고 싶어 하지만 남성은 독립과 통제의 욕구로 이러한 정보를 공유하기 원치 않는다. 여성은 '도움을 받는 것'이 상대방의 관대함과 배려라고 보는 반면, 남성은 자신의 열등감으로 해석하여 도움을 주는 사람은 "나는 너보다 더욱 유능하다"라는 메시지를 보내는 것으로 간주한다.

남녀관계에서 남성은 사과하는 것이 어려운 반면, 여성은 보다 쉽게 자주 사과한다. 왜냐하면 '미안하다'는 여성의 말은 반드시 잘못을 인정하는 것이 아니라, 상대방이 겪은 곤경에 대해 미안한 감정을 나타내는 표현이기도 하기 때문이다. 반면, 남성의 '미안하다'는 말은 잘못을 인정하는 것이고 따라서 그들은 체면을 잃거나 패배한 것으로 생각하기 때문이다. 이처럼 남녀의 관점의 차이를 잘 이해하지 못하면 서로에게 오해를 가지게 되어 또 다른 일들이 발생하기도 한다.

(2) 우리 부부(연인)간의 의사소통지수는?

카랄레스는 그의 연구에서 남편과 아내가 그들의 의사소통 체계에 있어서 말을 많이 할수록 부부관계는 더욱 성장하게 된다고 하면서, 부부가 자신의 의사표시를 많이 하는 형태를 사용하는 부부가 만족 수준이 높다고 하였다. 이처럼 부부의 의사소통이란 행복한 결혼생활에 있어서 절대 필요한 요소로 작용한다.

표 6-3 행복한 부부/불행한 부부의 의사소통

문항		의견이 일치한 비율(%)	
		행복한 부부	불행한 부부
1	나는 우리 부부의 '의사소통' 방식에 만족한다.	95%	15%
2	내 배우자는 내 '기분'을 잘 이해해 준다.	79%	13%
3	나는 배우자에게 나의 '진실한 감정'을 쉽게 표현한다.	96%	30%
4	내 배우자는 내 '이야기'를 잘 들어 준다.	83%	18%
5	내 배우자는 나를 '깎아내리는 말'을 하지 않는다.	79%	20%

커플 의사소통 검사지

※ 다음은 부부(연인) 간의 의사소통 검사입니다. 해당되는 곳에 ○, 해당되지 않는 곳에 ×를 표시하세요.

문항		해당 여부
1	내 여자친구/남자친구는 종종 내 생각을 이해하지 못한다.	
2	우리는 서로의 차이점을 해결하는 방법을 개선해야 할 필요가 있다.	
3	우리는 다툴 때 서로의 감정을 솔직히 이야기한다.	
4	내 여자친구/남자친구는 어려움 없이 비판을 받아들인다.	
5	우리는 언쟁할 때마다 같은 문제를 반복하는 것 같다.	
6	견해 차이가 있을 때 내 여자친구/남자친구는 서로 수용할 수 있는 대안을 찾기 위해 노력한다.	
7	내 여자친구/남자친구는 어떤 문제에 대해서는 너무 민감해 내가 말조차 꺼낼 수 없는 경우가 있다.	
8	우리 사이에는 같이 이야기할 수 없는 것들이 있다.	
9	우리는 견해 차이가 있을 때 그 문제에 대해 의논한다.	
10	여자친구/남자친구와의 사소한 의견차이가 종종 큰 언쟁으로 발전한다.	
11	우리 사이에 해결되지 않은 문제가 있더라도 겉으로는 아무렇지 않게 지낼 때도 있다.	

12	내 여자친구/남자친구는 나에게 화가 나더라도 내 의견을 존중한다.	
13	내 여자친구/남자친구는 때때로 내 성격의 어떤 면을 의도적으로 변화시키려는 것처럼 보인다.	
14	내 여자친구/남자친구는 종종 내가 자신을 이해하지 못한다고 불평한다.	
15	우리는 언쟁을 할 때 그 문제에 대해서만 이야기한다.	
16	우리의 언쟁은 대부분 결론 없이 우울하게 끝나고 만다.	
17	우리의 언쟁은 자주 둘 중 한 명이 감정이 상하거나 우는 것으로 끝난다.	
18	우리는 의견 차이가 있을 때 이성을 잃고 화를 내곤 한다.	
19	내 여자친구/남자친구는 너무 쉽게 감정이 상한다.	
		총 합계 점수: ________점

※ 채점 방법

- 1, 2, 5, 7, 8, 10, 11, 13, 14, 16, 17, 18, 19번은 ○가 1점
- 3, 4, 6, 9, 12, 15번은 ×가 1점

※ 결과 해석

1~8점	커플관계에서 겉으로 드러난 불화가 거의 없는 경우입니다.
9~12점	잦은 언쟁으로 갈등이 다소 장기화되어 있고, 이를 체념하거나 사소한 문제로 치부할 수 있습니다. 그러나 커플 관계에 대한 만족도를 떨어뜨릴 수 있는 중요한 이유가 될 수 있습니다.
13점 이상	장기간 해결되지 않은 갈등이 많고 언쟁을 할 가능성이 높습니다. 커플갈등을 해결하는 중요한 노하우를 배우셔야 할 것 같습니다.

(3) 부부(연인)간의 갈등문제

- **가정 경제:** 가정 경제가 악화되거나 경제적인 부분에 문제가 생길 경우 부부간 갈등이 생긴다.
- **자녀 교육:** 자녀를 교육하는 방법에서 의견이 다를 때 갈등이 발생한다.

- 집안 대소사: 집안의 크고 작은 여러 가지 일들을 처리하는 방식이 맞지 않을 때 갈등이 생긴다.
- 성격 차이: 성격이 지나치게 다를 경우에도 갈등이 생긴다.

(4) 부부(연인)간 의사소통의 유형

- 차단형: 문제를 숨기거나 피하여 언어로 표현하지 않으며 감정노출 정도가 낮아서 정서적 표현도 거의 이루어지지 않는 유형

부부간 의사소통을 가로막는 10가지 유형

유형	내용
회피형	방을 나가거나 잠을 자거나 바쁜 척하는 사람
마음을 읽는 유형	상대 마음을 다 읽고 있다는 듯한 태도를 취하는 사람
사소한 일로 괴롭히는 유형	자기 불만을 솔직히 표현하는 대신 배우자 신경을 건드리는 사람
애정만을 고집하는 유형	사랑이 만사를 해결해 준다고 주장하는 사람
죄의식을 일으키는 유형	자기가 원하는 것을 솔직히 말하는 대신 상대방에게 죄의식을 던져 주는 사람
덫을 놓는 유형	괜찮다며 솔직히 얘기해 보라고 한 뒤, 배우자가 솔직히 말하면 화를 내며 그 내용을 부인하는 사람
보따리 메고 다니는 유형	화가 났을 당시에는 표현을 전혀 안 하고 차곡차곡 보따리에 쌓아 두었다가 한꺼번에 마구 퍼붓는 사람
농담형	심각한 이야기를 피하고 농담으로 되받는 사람
비위만 맞추는 유형	상대의 비난과 배척을 견디지 못해 무조건 배우자를 기쁘게 해 주려고 드는 사람
옛 규칙 고집형	'옛날엔 새벽밥을 꼭 해 줬잖소?'라는 식으로 시간과 상황이 바뀌어도 상대가 과거에 했던 역할을 고집하는 사람

- **억제형**: 감정 노출이 잘 일어나 화가 나 있거나 감정적으로 격앙된 상태임을 쉽게 알 수 있으나 명확한 언어로 표현하지 않는 유형
- **분석형**: 언어 표현을 많이 하되 자신의 감정 노출보다는 주로 상대에 대한 분석적인 지적이나 문제의 다양한 측면을 탐색하여 제시하는 유형
- **친숙형**: 정서적인 노출이 잘 이루어지며 이것을 직접적인 언어로써 잘 표현하는 유형

(5) 부부(연인)간의 효율적인 의사소통 방법

- 서로를 존중해 주면서 적절한 자기개방이 필요하다.
- 상대방의 말을 경청하고 수용해야 한다.
- 상대방의 감정을 이해해야 한다.
- 긍정적인 표현과 칭찬을 자주 한다.
- '사랑해' '미안해' '고마워'라는 말을 자주 사용한다.

(6) 부부(연인)간의 구체적인 대화법

- 자신과 배우자를 존중하고 서로 배려하는 태도를 기른다.
- 부부간에 효과적인 말하기 기술과 듣기 기술을 습득하고자 함께 노력한다.
- 효율적인 갈등 해결 기술을 습득하게 하여 문제 해결능력을 배양하도록 한다.
- 두 사람만의 대화 스타일을 사용하게 하여 부부관계를 긍정적으로 향상시킨다.

활동 생각 나누기

1. 부부(연인)간에 원만하고 바람직한 의사소통을 저해하는 요인은 무엇이라고 생각하는가?

1-1. 그렇게 생각하는 이유는 무엇인가?

2. 부부나 연인(이성)과 의사소통을 할 때 어떤 자세로 하는가?

2-1. 그렇게 생각하는 이유는 무엇인가?

2) 부모-자녀 간의 의사소통

부모와 자녀는 부부관계보다 더 의사소통이 이루어지지 않는 경우가 많다. 이는 우리나라 대부분의 가정에서는 수직적 관계의 모습을 띠기 때문이기도 하다. 특히 가족 내에서의 위치나 역할에서 세대 차이가 있으므로 의사소통이 원만하게 이루어지지 않는 경우가 더 빈번하게 발생한다. 부모와 자녀 간의 바람직한 의사소통이 이루어지기 위해서는 먼저 마음을 열고 민주적으로 대화하기 위해 노력해야 한다. 부모는 자녀에게 긍정적인 언어를 사용하여 인격적으로 존중하고 있다는 것을 느끼게 해 주고, 자녀 또한 부모를 이해하고 존중하는 태도로 대화해야 한다.

그리고 부모-자녀 간의 의사소통은 부부 간의 의사소통과는 당연히 다르다. 부부는 서로 대등한 관계이지만 부모와 자녀 사이는 성인과 미성년의 관계이자 수직적 관계이기 때문이다. 그리고 가장 중요한 것은 자녀가 성장할

표 6-4 부모-자녀 간 의사소통 유형

자녀의 이야기	가르치려는 대화	이해하려는 대화
나는 ○○랑 절대 안 놀 거야.	아무리 그래도 그렇게 말하면 안 되지.	○○ 때문에 지금 화가 많이 났구나.
○○ 때문에 학교에 안 갈래요.	학교는 빠지면 안 돼. 사람들은 모두 학교에 가야 해. 그건 지켜야 해.	○○가 널 괴롭힐까 봐 걱정이 되는구나.
난 못해요.	그렇게 말하면 못 써. 자, 어서 한 번 해 봐.	이게 너에게는 굉장히 어려운가 보구나.
엄마는 세상에서 제일 나쁜 엄마야.	그런 말이 어디 있니?	○○가 엄마한테 화가 많이 났구나.

때 부모와의 의사소통 유형은 자녀가 미래 자신의 자녀들에게 현재의 학습한 부모상을 그대로 반영하는 모델이 되기 때문에 현재 부모-자녀 간의 의사소통은 매우 중요한 것이다. 부모의 양육태도에 따라서 자녀의 양육태도가 결정되기 때문이다.

(1) 부모-자녀 간 의사소통의 유형

부모와 자녀 간의 의사소통은 다른 유형에 비해 매우 힘든 경우가 많다. 특히 사춘기 성장기의 자녀를 둔 가정에서는 의사소통의 부재로 인해 매우 힘든 시기를 보내는 가정이 많다. 대부분의 부모와 자녀 간의 갈등 원인은 다음과 같다.

첫째, 자녀의 생활 습관 때문이다. 취침 시간이나 기상 시간, 정리 정돈에 관한 문제 등 소소한 생활 습관에 대한 의견이 다를 때 갈등이 생길 수 있다.

둘째, 학업 및 진로의 문제이다. 성적, 학교생활, 공부 방법 등 학업에 관한 의견과 진로에 대한 부모와 자녀의 의견이 다를 때 갈등이 생길 수 있다

셋째, 자녀가 여가 시간을 활용하는 방법이나 친구 관계, 예의범절에 관한 문제들로 갈등이 생길 수 있다.

(2) 부모-자녀 간 의사소통 장애 요인

다음은 부모와 자녀 간의 의사소통이 잘 이루어지지 않는 원인이다.

- 부모와 자녀 간의 의견 수용 결여
- 세대 차이로 인한 서로의 이해 부족
- 부모의 일방적이고 권위주의적인 태도
- 부모의 부정적인 대화 방법 사용
- 부모의 불쾌한 정서 상태 전달
- 자녀가 부모를 자신의 편견으로 바라봄
- 자녀의 자아 긍정성 결여

부모와 자녀 간의 의사소통이 원만하게 잘 이루어지지 않는 경우를 보면 대부분 자녀를 향한 비난, 꾸지람, 충고, 제시 등과 같은 일방적인 대화가 주로 오가는 형태를 나타낸다. 대화의 유형이 개방적이기보다는 폐쇄적으로 나타난다. 또한 가족 내에서 부모와 자녀의 관계가 권위적인 경향이 많기 때문에 수평적인 대화보다는 수직적인 대화가 이루어지고 있는 경우이다. 그리고 부모가 자녀에 대해 관심을 두는 부분과 자녀가 관심이 있는 부분이 서로 일치하지 않기 때문에 대화의 주제가 어긋나게 되고 이 문제가 세대 차이로 인식되면 의사소통 장애가 발생하는 것이다.

(3) 바람직한 부모-자녀 간 의사소통 해결방안

부모와 자녀 간의 개방적이고 좋은 의사소통은 여러 측면에서 자녀에게 매우 긍정적인 영향을 미치는 것으로 나타났다. 자신이 보다 건강하고 행복하다고 느끼고, 보다 높은 자긍심을 가지며, 문제에 대해 보다 효과적인 대처행동 유형을 갖는다. 또한 불안행동 및 문제행동을 적게 나타내며 다른 사람에 대해 민감하며 감정이입이 되게 한다. 자녀들이 독립심과 강한 자립심을 갖는 데 도움을 준다. 가족 안에서 적절한 자기노출을 배움으로써 성장한 후에 외로움을 덜 느끼게 된다. 따라서 부모들은 자녀들이 정체감을 확립하고 성공적으로 사회에 적응할 수 있도록 개방적이고 효과적인 의사소통을 하도록 노력해야 한다.

효율적인 의사소통을 하기 위한 부모의 태도는 다음과 같다.

- **대화를 개방적으로 할 수 있는 분위기를 형성한다.** 부모 자신이 즐겁고 평온한 상태를 유지하도록 하며, 자녀에게 웃는 표정이나 조용한 음성 등으로 지지적인 이야기를 하도록 한다.
- **긍정적인 언어를 사용한다.** 자녀들이 긍정적인 사고를 할 수 있도록 언어를 사용하고 대화를 유도하면 자유롭게 능력을 발휘하며 건강하게 성장할 수 있다.
- **미움과 증오를 조성하는 비수용적인 말을 하지 않는다.** 부모들은 아무리 화가 나더라도 미움과 증오를 조성하는 말이나 비판적인 말투는 가능한 삼가야 한다.
- **자녀의 얘기를 귀 기울여 듣는다.** 자녀의 이야기에 대하여 관심을 가지고 경청해야 한다. 자녀들은 부모들이 자기들의 감정과 생각에 아무런 관심을 기울이지 않을 때 분개하며 욕구불만을 갖는다.
- **일방적인 지시형 대화보다는 서로 의견을 주고받는 양방적인 대화가 되도록 한다.** 우리나라 부모-자녀 간의 대화가 잘 되지 않는 것은 대부분 부모의 일방적인 지시형 대화 스타일 때문이다. 서로 민주적으로 자신의 의사를 주고받는 대화를 나누어야 한다.
- **가족만의 공통관심사를 갖도록 한다.** 부모와 자녀가 함께 있을 때 함께 TV 프로그램을 시청하거나 공통의 취미나 관심사를 가지도록 노력하는 것이 중요하다.
- **아버지들은 자녀와 대화시간을 더 많이 갖도록 한다.** 아버지의 역할이 중요

하다는 사실을 인식하고 서로 상호작용을 가질 기회를 마련해야 한다.

- 부모는 권위적인 태도를 버리도록 해야 한다. 자녀에게 윽박지르거나 짜증 섞인 투로 말하지 말고 부드럽게 웃으며 대화를 하도록 해야 한다.
- 비언어적 수용 방법을 사용한다. 자녀와 대화 시 침묵을 지키면서 고개를 끄덕이면서 자녀의 말을 수용하고 경청하는 방법이다.
- 언어적인 수용 방법을 사용한다. "음" "그래" "맞아" "그랬구나" 등의 말을 하여 상대방이 계속해서 말을 할 수 있게 하는 방법을 사용한다.
- 적극적인 경청 방법을 사용한다. 자녀의 감정 상태를 피드백해 주는 방법으로 자녀로 하여금 부모가 자신을 수용한다는 것을 느끼게 하는 방법이다.
- 나-메시지를 사용한다. 자신의 감정을 솔직하게 전하여 서로의 말을 받아들이도록 한다.
- 무패 방법을 사용한다. 만약 갈등이 있을 경우 어느 한 편이 이기는 방법을 피하고 양쪽 모두 받아들일 수 있게 하는 민주적인 대화 방법을 사용한다.

활동 **부모-자녀 갈등 해결 방안 5단계**

1. 갈등 원인 파악하기	
2. 갈등 해결 방법 모색하기	
3. 최선의 해결 방법 결정하기	
4. 해결 방법 실천해 보기	
5. 실천한 방법 평가하기	

3) 형제자매 간의 의사소통

형제자매는 가족이라는 울타리 안에서 평생을 함께 만나야 하는 관계이다. 그러나 사소한 의견다툼이나 감정싸움으로 인해 평생을 인연을 끊고 지내는 경우도 있다. 그러므로 오히려 타인들보다 더욱 말과 행동을 조심스럽게 해야 하며, 배려를 통해 자기 자신의 마음을 있는 그대로 보여 주고, 도움을 받을 수 있는 관계를 유지해야 한다. 그리고 솔직한 심정을 그대로 전하는 방법이 가장 좋으며, 만약 서로에게 상처를 주는 말과 행동을 하였다면 오랜 시간이 지나기 전에 가능한 한 빨리 해결을 하는 것이 좋다. 그리고 무엇보다 진실한 의사소통이 이루어져야 한다. 가까운 사이라도 부정적인 의사소통을 한다면 오해와 불신이 쌓여 오히려 영영 만나지 않는 남보다 못한 관계가 될 수도 있다. 따라서 형의 입장에서는 자신이 형이라는 우월감으로 동생을 대해서는 안 된다. 그리고 동생 또한 형이 모든 것을 자신에게 양보해야 한다는 기대감을 버리는 것이 좋다. 형제든 자매든 자기 자신만을 생각하여 말을 함부로 하거나 자신의 주장만을 내세우는 것은 바람직하지 않다. 이때 부모는 한쪽 편을 들기보다는 항상 중립에서 서로를 민주적인 대화의 방식으로 의사소통을 하게 해야 한다.

(1) 형제자매 관계

형제자매는 비슷한 나이와 비슷한 환경에서 성장하여, 어릴 적부터 일상생활의 경험을 함께 함으로써 다른 타인들이나 사회집단 구성원들과는 다른 관계이다. 좀 더 깊은 유대관계를 맺고 평생 지속되는 관계로 살아가며 서로의 성장 발달에 도움을 준다.

(2) 형제자매의 기능

첫째, 자아 정체감을 형성한다. 형제자매 관계는 동일시와 차별화의 기능을 반복하여 학습한다. 아동은 형제자매를 통해 경험을 쌓고 학습하는 동일시 과정을 거치면서 자신의 가능성을 키워 나간다.

둘째, 상호규제를 통해 서로의 결속력과 단합을 강하게 한다. 서로 간의 보상을 극대화하고 구체적인 행동 면에서 서로 행동을 지도함으로써 단합력이 강하게 나타난다.

셋째, 직접적 봉사를 한다. 일상생활을 공유하는 부분들이 많기 때문에 서로 기술을 가르치고, 강한 유대감을 형성하며, 자원의 조정자 역할을 하며 협동한다.

넷째, 성 역할을 개방한다. 가족 내에서 권위를 많이 가진 자녀가 성 역할 취득 과정에서 큰 영향력을 미친다.

다섯째, 규범 학습을 한다. 형제자매들은 서로 간에 특별한 규율을 세우고 이에 따라 행동하는데, 여기에서 흔히 충성이나 경쟁으로 뭉쳐져 협상과 계약하는 방법을 효과적으로 습득하며, 서로 조정 또는 반대하면서 적당한 거리를 유지한다.

여섯째, 권력관계를 형성한다. 성이나 연령에 따라 다소 차이가 있으나 서로 상호작용을 통해 권위 관계를 형성한다.

활동

형제자매 간의 갈등 해결 방안 5단계

1. 갈등 원인 파악하기	
2. 갈등 해결 방법 모색하기	
3. 최선의 해결 방법 결정하기	
4. 해결 방법 실천해 보기	
5. 실천한 방법 평가하기	

활동

부정적인 말을 긍정적인 말로 바꾸기

형제자매 간 일상생활에서 무의식적으로 자주 사용하는 부정적인 말을 긍정적인 말로 바꾸어 보세요.

부정적인 말		긍정적인 말
1.		1.
2.	➡	2.
3.		3.

제3부

끌림과 설렘, 울림과 어울림의 대인관계 구축과 의사소통의 실천

자기 자신을 알려거든 남이 하는 일을 주의해서 잘 살펴보아라.
다른 사람의 행동은 나의 거울이다.
또 다른 사람을 알려거든 특히 그 사람을 아껴 주어라.
또 그 사람을 이해하려거든 먼저 자기 마음속을 들여다보아라.
네가 남에게 바라고 싶은 것을 네가 먼저 베풀어라.

-시르렐(Sileulel)-

제7장

끌림과 설렘, 울림과 어울림을 주라

1 노크의 법칙

내가 먼저 마음의 문을 열어야 상대방도 마음의 문을 연다. 상대방의 마음의 문을 열기 위해 다음과 같은 방법을 사용해 보자.

1) 자신을 사랑하는 매력적인 사람이 되라

많은 심리학자는 이 매력이라는 것을 '가치가 있는 것(something that has value)'이라고 표현을 한다. 따라서 매력적인 사람이 되기 위해 긍정적인 감정을 표현하고, 자신의 개성을 살린 외모를 만들고, 자신보다 상대방의 말에 귀 기울이며 가장 중요한 자신을 사랑하고 가꾸며 살아가는 사람이 진정 매력적인 사람이 아닐까?

어울림의 끝은 어쩌면 누군가와 사랑을 시작하면서 이미 결정되어 있는지도 모른다. 그렇다면 매력적인 사람이 되려면 가장 먼저 당신이 매력적인 사람인지 파악해야 한다. 그러기 위해서는 다음과 같은 조건을 갖추어야 한다.

첫째, 자신의 매력을 키우라. 누구나 호감이 가는 상대에게 더 잘해 주고 싶은 마음이 있다. 누구나 자신의 '여성스러움'과 '남성스러움'을 기꺼이 활용할 줄 알아야 한다. 이 험한 세상을 살아가기 위해서는 성실함만이 전부는 아니다. 그보다 우선 자신을 매력적인 사람으로 만들기 위해 노력하고 자신이 지닌 매력을 충분히 활용할 줄 아는 사람이 성공한다.

둘째, 자신만의 브랜드를 가지라. 가짜 롤렉스 시계와 진짜 롤렉스 시계의 차이는 뭘까? 물론 가짜 롤렉스 시계도 공장에서 장인이 한 땀 한 땀 정성들여 만든 시계이다. 그렇지만 이 두 개의 시계는 전혀 다른 취급을 받는다. 그것은 바로 '브랜드 가치'의 차이이다. 아무리 똑같은 공정을 거쳐 만들어졌어도 '진품'의 브랜드 가치가 더 높기 때문이다.

"인간은 타인의 욕망을 욕망한다."라는 자크라캉(Jakeulakang)의 말처럼 현대인들은 너무나 남과 같은 길을 가고자 한다. 편하고 안정적인 직업을 선택하기 위해 똑같은 공부를 하는 것이다. 자신의 길보다 타인의 길을 가면 자신만의 브랜드를 만들 수 없다. 자신만이 지닌 강점을 파악해서 그것을 브랜드화해야 한다. 인간은 누구나 매일 자신이라는 브랜드를 팔고 있다. 하루 중에 하는 말과 행동 등 이 모든 것이 자신을 브랜딩하는 과정인 것이다. 자신의 단점만 바라보지 말고 강점에 주목하고 그 강점을 살려 자신을 남들과 차별화할 수 있는 강점을 파악해야 한다.

셋째, 네트워킹(networking)을 만들라. 여기서 말하는 네트워킹은 인간관계를 의미한다. 현대인들에게 필요한 것은 'know how'가 아니라 바로 'know who'이다. 젊을 때 많은 사람을 만나 보고 관계를 형성하는 법을 배우는 것이 필요하다. 인간관계가 곧 사회생활이기 때문이다.

2 거울의 법칙

거울은 먼저 웃지 않으므로 내가 먼저 웃어야 비로소 거울 속의 내가 웃는다. 서로의 거울이 되기 위해 다음과 같은 방법을 사용해 보자.

1) 상대방에게 매력적인 끌림과 두근두근 설렘을 느끼게 하라

책의 앞부분에서도 언급했듯이 오바마 전 미국 대통령은 멋진 연설을 통해 자신의 매력으로 사람들과 소통을 하였다. 일명 '오바마식 대화법'이 그것이다. 오바마가 자주 쓰는 대화법을 살펴보면 '형식은 부드럽지만 메시지는 강하게'이다. 부드러움 속에 강함을 연출하고 거기에 스토리텔링을 적극 활용하여 따분하고 지루한 연설이 아닌 가까운 친구와 이야기를 나누는 것 같은 대화법이다. 단, 대화의 내면에는 그의 진정성이 담겨 있다. 오바마는 이 외에도 듣는 사람을 주어로 활용한 말하기 화법을 사용하여 사람들의 이목을 집중시키고 손동작을 사용하여 리듬감 있게 표현하면서 일명 '말발'로 사람들의 마음을 끌리게 하고 설레게 하였다.

누군가에게 끌리는 사람이 되고 설렘을 주는 사람이 된다는 것은 상상만 해도 가슴이 뛴다. 이러한 끌림과 설렘을 주는 대상이 되기 위해서 몇 가지 갖추어야 할 요건들이 있다.

첫째, 상대방이 주인공이 되도록 하라! 대화의 목적은 상대방이 주인공이 되도록 하는 것이다. 이 과정은 '생각보다 이 사람 괜찮은데?'라고 느끼게 하는, 그리하여 멀찍이 밀어 두었던 의자를 바짝 당기며 고개를 끄덕이게 하는 그런 힘을 유발하게 한다. 또한 일방적으로 듣기만 해서는 안 된다. 때로는 당신의 경험을 곁들이기도 해야 한다. 상대가 큰 성공을 거두었을 때 혹은 실패의 아픔을 이야기할 때 그와 유사한 경험을 이야기하는 것이다. 이렇듯 비슷한 경험을 이야기하면 상대는 당신을 전적으로 믿게 된다. 사람들은 대개 자신과 비슷한 경험을 가진 사람에게 끌리기 마련이다.

둘째, 상대방의 말을 가로채지 말라! 대화를 나눌 때는 상대방의 눈을 바라보며 상대의 이야기를 세심하게 경청해야 한다. 상대방의 마음을 끌어들이는 매력적인 사람의 가장 우선적인 매너이다. 사람들은 대부분 자신에 대해 이야기하기를 좋아한다. 중간에 말이 하고 싶어도 조금만 참고 상대방의 말을 끝까지 듣는 것은 중요하다. 그것이 상대방에게 나의 매력지수를 높이는 터닝 포인트가 된다. 그리고 그 상대방의 눈을 응시하면서 말을 열심히 들어주면 그 사람의 두뇌에서 분비되는 엔도르핀이라는 '해피드럭(happy drug, 행복해지는 약)'으로 말미암아 좋은 기분을 느끼게 되고 당신을 멋진 사람이라고 느끼면서 또 한 번 설렘을 줄 것이다.

셋째, 적당한 질문을 하라! 질문의 힘이라는 말을 들어 본 적이 있을 것이다. "정말요? 그래서 어떻게 되었나요?" 사람과 대화를 나룰 때 그 사람에게 질문을 하게 되면 상대방은 자신에게 관심을 가지고 이야기를 듣고 있다는 생각을 하게 된다. 그렇게 되면 자연스럽게 자신의 이야기를 하게 되고 더 친밀한 관계를 형성하게 된다. 『질문의 힘』이라는 책에서도 질문의 중요성을 언급하고 있다. 그러나 질문이라도 무조건 의미 없는 질문을 하기보다는 상대방의 호기심과 관심을 유도할 수 있는 창의적인 질문을 던지는 것이 효과적이다. 질문을 통하여 상대로부터 정보를 얻을 수도 있으며 질문을 하게 되면 답을 얻을 수 있다. 질문의 긍정적 사례로는 간디의 일화가 있다. 인도의 정신적 지도자였던 마하트마 간디(Mahatma Gandhi)는 무저항 비폭력 운동으로 영국으로부터 인도를 독립시키는 데 크게 기여했다. 이때 간디는 10만 명 정도밖에 되지 않는 영국인이 3억 인구의 인도를 통치한다는 것이 전혀 납득이 되지 않았다. 그래서 간디는 영국에 인도의 주권을 돌려달라고 요구했을 때 거절을 당했고, 미친 사람으로 취급되었다. 그러나 간디는 인도의 상류 사회와 영국인들에게 끊임없이 질문을 했다.

'영국이 인도를 지배하는 것이 과연 인도인들에게 어떤 유익을 주는가?'

'인도가 영국의 식민지가 된다고 해서 가난한 사람들이 과연 부자가 될 수 있는가?'

'인도의 독립과 영국의 통치 중 어느 것이 인도를 더 발전시킬 수 있을 것인가?'

단지 스스로 각성하기 위해 제기한 질문으로 인해 사람들의 인식이 변화되기 시작하였고, 마침내 인도는 영국으로부터 독립을 하게 되었다. 이때 무력을 전혀 사용하지 않았으며 단지 질문을 던져 스스로 생각하게 만들었던 것이다. 인간관계도 마찬가지이다. 그 사람에게 관심이 있고 끌리는 경우 적절한 타이밍에 질문을 하게 되면 상대방과의 인연이 빠르게 이어질지도 모른다.

넷째, 고개라도 끄덕이며 맞장구치라! 때때로 주변에서 매력 있다고 말을 듣는 사람들은 사람들이 말을 할 때 호응을 잘해 준다. 적절한 추임새를 넣어서 대화의 흐름을 매끄럽게 한다든지, 아니면 반대로 슬픈 일이 있을 경우에는 그 상황에 맞는 적절한 제스처를 취한다. 사람은 누구나 남의 이야기를 듣고 싶은 것이 아니라 자신의 마음속에 있는 것들을 속 시원하게 이야기하고 싶은 것이다. 이때 눈을 보며 고개를 끄덕이거나 맞장구를 치면 호감도는 쑥 상승하게 될 것이다.

다섯째, 유머감각을 키우라! 요즘 가장 인기 있는 사람은 단연 개그맨처럼 유머감각이 있는 사람이다. TV에서도 잘생긴 사람보다 재미있는 사람들을 더 선호하는 경향이 있다. 그 이유는 즐겁게 해 주는 매력을 가졌기 때문이다. 적절한 유머와 재치로 대화를 나누면 상대방은 당신에게 끌리게 되고 거기에 약간의 지식을 겸비한 멘트를 하게 되면 더욱 인기 있고 매력적인 사람이 될 것이다.

3 기브 앤 테이크(give and take)의 법칙

다른 사람에게 호감을 얻고 싶으면 먼저 호감을 품어야 한다. 호감도를 높이려면 다음과 같은 방법을 사용해 보자.

1) 의사소통의 달인이 되라

(1) 사소한 부분까지 칭찬하라

인간의 행동은 타인의 반응에 크게 영향을 받는다. 또한 의사소통 상황에서 화자는 이야기를 할 때 자신의 이미지에 대해 분명한 인상을 가질 때 의사소통에 쉽게 집중한다. 그렇기 때문에 듣는 사람은 자신이 가지고 있는 화자에 대한 긍정적 감정을 직접 화자에게 피드백함으로써 효과적인 의사소통과 좋은 인간관계를 형성할 수 있다. '칭찬은 고래도 춤추게 한다.'라는 말은 한때 엄청난 칭찬 열풍을 몰고 올 만큼 우리 사회의 칭찬문화를 이끌었다. 그러나 어떻게 칭찬하는가에 따라 칭찬이 득이 될 수도 독이 될 수도 있다.

칭찬에서 긍정적 효과를 내기 위해서는 그 과정을 칭찬해 주어야 한다. 어떤 일에 대한 결과가 기대에 미치지 못한다 하더라도 그 노력의 과정을 칭찬하게 되면 노력을 인정받고 지지받는 기분이 긍정적인 요소로 작용한다. 또한 칭찬을 하면 할수록 효과적인 의사소통을 이끌어 낼 수 있다. 그런데 무턱대고 칭찬을 하기보다 나름대로 노하우를 발휘할 필요가 있다.

다음과 같은 효과적인 칭찬 방법도 연습하고 훈련해야 더욱 세련되고 멋진 칭찬의 기술을 구사하게 된다.

- **구체적으로 칭찬하라.** 구체적이고 분명한 칭찬이 상대의 마음을 움직이기 때문에 자신이 무엇 때문에 칭찬을 받는지를 분명히 알 수 있도록 칭찬하라.
- **간결하게 칭찬하라.** 말이 길어지면 그것이 비록 칭찬일지라도 듣는 사람은 짜증 날 수 있다. 진지하고 간결하게 칭찬하는 것이 더 깊은 인상을 주며 기억에도 오래 남는다.
- **남들 앞이나 제삼자 앞에서 칭찬하라.** 사람들은 누구나 자기를 자랑하고 싶어 한다. 그렇기 때문에 남들 앞에서 칭찬을 하거나 제삼자에게 간접적으로 칭찬을 전달하는 것은 칭찬받는 기쁨과 자랑하고 싶은 욕심 두 가지를 모두 충족시킬 수 있다.
- **사소한 것을 칭찬하라.** 남들이 보지 못하는 사소한 장점들을 찾아 칭찬을 해 주면 의외의 효과가 있다.

- **당사자 주변의 인물을 칭찬하라.** 자신을 둘러싼 주변 사람들을 욕하는 것은 당사자를 욕한다는 느낌을 가지게 할 수도 있다. 따라서 주변 사람들을 칭찬하면 마치 자신이 칭찬받는 느낌이 들고도 흐뭇한 기분을 느낀다.
- **우연이나 의외의 상황에서 칭찬하라.** 대인관계를 원만하게 유지하는 사람은 평소에도 그 사람에 관해 관심을 갖고 칭찬을 자주 한다. 그런 일이 반복되면 주변 사람들에게 호감을 주며, 의외의 상황에서 칭찬을 하면 더 호감을 살 수 있다.
- **칭찬 상대에 따라 칭찬 내용이나 방법을 달리하라.** 상대방이 누구냐에 따라 또는 그 상황에 따라서 칭찬의 내용이나 표현방식을 적절히 선택해야 한다.
- **되도록 그 과정과 노력을 칭찬하라.** 칭찬의 역효과라는 말이 있듯이 일의 결과만 칭찬하면 오히려 독이 된다. 그 과정에서 쏟은 열정과 노력에 대해 칭찬할 때 상대방은 용기를 갖고 더욱 열심히 노력한다.

4 짚신의 법칙

짚신도 짝이 있듯이 사람마다 맞는 짝이 있다. 싫은 사람과 억지로 친해지려고 애쓰지 말라. 서로에게 맞는 짝이 되고 싶으면 다음과 같은 방법을 사용해 보자.

1) 매력적인 대화법을 사용하라

흔히 대화의 목적은 단순한 의사표현이나 의사전달의 수단을 얻는 것뿐만 아니라 대화를 통해서 인간관계를 형성하는 것이다. 그러므로 그 사람과의 대화가 어떠한지에 따라서 그 사람과의 인간관계나 사회성 그리고 리더십 등이 평가된다. 그만큼 삶의 모든 면에서 인간관계를 형성하게 하는 대화가 중요한 것이다. 사람은 누구나 자기 마음속에 있는 모든 것을 대화를 통해 표현하기 때문이다. 따라서 내면의 표현을 언어적, 비언어적 표현으로 사람의 마음을 끌어당기는 멋지고 효과적인 언어의 사용법을 알아야 성공할 수 있다.

(1) 대화의 포인트를 찾으라

대화에서는 타이밍과 포인트가 중요하다는 이야기를 하곤 한다. 대화 시 중요한 포인트는 목소리의 온도를 조절하여 감정을 나타내는 것이다. 대화는 상호작용을 전제로 하므로 관련성이 있는 적당한 양의 말을 진실하고 간단명료하게 하는 것이 바람직하다. 그리고 상대방의 말을 최선을 다해 받고 적절한 말로 되돌려 주어야만 생동감 있는 대화가 지속되고, 이것을 통해 인간관계도 긍정적으로 바뀌게 된다. 상대방을 인정하는 마음과 공손하고 예절 바른 말은 상대방에게 호감을 주며, 충돌이나 갈등을 줄이는 대화 방법은 원만한 인간관계를 이끄는 필수조건이다. 또한 대화를 잘하려면 정확한 소리로 말하는 것이 기본이 되어야 한다.

(2) 대화의 기법을 적절히 활용하라

① 관심 기울이기

대화의 가장 기본자세로 관심 기울이기, 즉 경청하기가 있다. 관심 기울이기는, 첫째, 좋은 자세, 둘째, 온화한 시선, 셋째, 상냥한 표정과 음색, 넷째, 즉각적인 언어 또는 비언어적인 반응 등으로 이를 적절히 사용할 때 대화의 상대자는 자신에게 관심을 기울이는 것을 느끼게 된다. 이는 곧 자신이 이해

받는다는 느낌을 갖게 한다.

② 의사확인

상대방의 언어적 메시지에 대해 한 번 더 확인하는 것으로 상대방의 말을 자신의 입장에서 받아들이고 이해하기 때문에 오해를 가져오기도 한다.

③ 지각확인

상대방의 비언어적인 메시지에 대해 확인하는 것으로서 말과 표정, 자세가 다르게 표현될 때 단순히 말 그 자체로서만 받아들이면 전혀 다른 결과를 가져올 수 있다.

④ 나-전달법(I-message)

자신의 느낌, 특히 부정적인 느낌을 상대방에게 책임을 돌리지 않고 건설적으로 표현하는 방법이다.

⑤ 피드백 주고받기

진심으로 상대방을 위하는 마음으로, 상대방 스스로 깨닫지 못하는 어떤 부정적인 행동들에 대해 그 행동들이 앞으로 어떤 결과를 가져올 것인지에 대한 예견을 전달하는 방법이다.

⑥ 수용

수용(受容)은 로저스(Rogers)의 '무조건적인 긍정적 수용'과 칵후프(Carkhuff)의 '비집착적 온정'으로 표현되기도 한다. 수용의 의미는 사람마다 모든 일에 있어서 다를 수 있다는 사실을 자연스럽게 받아들이고, 또 각 개인이 다르게 성장하고 발달하도록 기꺼이 허용하는 것이다.

⑦ 반영

반영(反映)은 상대방에게 말과 행동을 통해 표현된 기본적인 감정, 생각 및 태도를 다른 말로 부연해 주는 것이다. 이러한 반영은 말의 내용을 반영하는 것이 아니라, 말속에 들어 있는 감정을 반영하는 것이어야 한다. 반영이 잘 되면 상대방의 내면 감정까지도 자연스럽게 표현이 되며 스스로 감정의 정화를 하게 한다.

⑧ 명료화

명료화(明瞭化)는 상대방의 말 중에서 모호한 것을 상대방이 확실히 알도록 하는 것으로서 상대방이 표현한 말 중에서 분명해지지 않고 있는 감정을 분명히 해 보도록 격려하는 것이다.

⑨ 해석

해석(解釋)은 상대방으로 하여금 자신의 문제를 새로운 각도에서 이해하도록 그의 생활 경험과 행동의 의미를 설명하는 것이다. 이는 자신의 문제를 보다 더 잘 이해하는 데 도움을 주게 된다.

⑩ 공감

공감(共感)은 상대방의 감정이나 심정, 입장 처지를 직접 경험하지 않고도 이해하는 것을 의미한다. 즉, 상대방이 말하는 것과 감정, 태도 및 신념에 대해 정확하게 그 의미를 이해하는 것이기도 하다. 공감은 상대방의 그 감정에 대해 옳고 그름, 좋고 나쁨 등의 가치관이나 도덕성의 판단을 하지 않고 오로지 감정, 심정 그 자체로만 표현해야 한다.

⑪ 자기노출

자기노출은 자신의 경험이나 느낌을 있는 그대로 솔직하게 상대방에게 표현하는 것이다. 자기노출은 상대방과 수직적인 관계가 형성되기 쉬울 때 수평적인 관계를 위해 자신의 경험을 노출하므로 관계를 촉진하고 신뢰감을 증진하게 한다. 그러나 자기노출 시 그 시기와 수준 자기노출의 정도를 적절히 사용하여야 한다.

⑫ 맞닥뜨리기

상대방의 말이나 행동 또는 느낌 중에서 언어적 표현과 비언어적인 행동 간의 모순이나 불일치가 있을 때 그것을 지적해 주는 것이다. 이러한 맞닥뜨리기는 상대방이 좀 더 깊은 문제를 탐색할 의사와 준비가 되어 있을 때 사용하거나, 관계가 형성되고 신뢰가 높을 때, 또는 진심으로 상대방의 성장과 변화에 관심이 있을 때 사용해야 한다.

5 인정의 법칙

인간관계에서 좋은 관계를 만들고 싶으면 이중잣대를 버리고 상대방을 있는 그대로 인정하라. 당신이 만약 좋은 사람이라는 인정을 받고 싶으면 다음과 같은 방법을 사용해 보라.

1) 대화촉진을 위한 방법을 잘 이용하라

(1) 상대를 집중해서 관찰하라

대화를 매력적으로 끌고 가기 위해서는 먼저 상대가 어떤 사람인지 파악해야 한다. 파악을 하고 나면 그 사람의 관심사를 잡아내고 호기심을 끌어낼 수 있다. 특히 대화 초반에 적극적으로 듣고 집중해서 상대방을 관찰해야 한다. 상대방이 어떤 취향이 있는지, 최근 관심사가 무엇인지를 파악하는 공감 능력을 키우게 된다.

(2) 눈을 바라보면서 소통하라

서로를 바라볼 때에는 마음으로 그 사람의 모든 것을 포용하려는 자세를 갖는 것이 우선이다. 특히 눈은 입으로 말할 수 있는 것보다 더 많은 것을 말하고 또한 눈을 보면 그 사람의 마음을 알 수 있다. 상대의 시선을 통해서 말로 표현되지 않는 무관심, 수줍음, 자신감, 긴장감 등을 파악할 수 있다. 또한 대화를 할 때 그 사람의 '눈치'를 보고 그 말이 믿을 만한지 파악할 수 있고, '눈'을 보고 두근거림으로 끌리게 된다. 이때 서로의 눈빛을 주고받으며 마주보고 있을 때 웃음이 나오고 행복감을 느낀다면 그 사람과 사랑하게 될 확률이 높다. 아마 누군가를 처음 만나게 되면 가장 먼저 보게 되는 것은 바로 서로의 '눈'일 것이다. 이미 눈빛 교환으로 대화는 시작된 것이다. 간혹 처음에는 눈을 보고 대화를 하다가 점점 눈을 피하는 사람이 있는데, 이럴 경우 그 사람을 향한 끌림이 사라지고 신뢰감도 떨어지게 된다. 그러나 기분 나쁠 정도로 지나치게 뚫어지게 쳐다보는 것은 삼가야 한다. 부드러운 느낌으로 상대방의 눈을 쳐다보면서 대화를 하는 습관을 길러야 한다.

(3) 상대방과 코드를 맞춘 후 시작하라

사람도 느낌이 통하는 사람과 쉽게 친해지듯, 대화도 코드를 맞춰 놓고 시작해야 한다. 대화 코드의 핵심은 관찰을 통해 빠르게 상대방의 관심사를 파악한 후, 그것을 중심으로 자연스러운 대화의 흐름을 만들어 호감도를 상승시키는 것이다. 즉, 끌리게 만든다. 그 사람과 친해지고 싶다면 반드시 상대의 관심사에 맞추어야 한다.

(4) 매력적인 반응으로 리드하라

대화의 주도권은 쥐되 말을 많이 하기보다는 오히려 상대가 말을 많이 하게끔 유도하는 게 좋은 대화 리드 방법이다. 이것은 경청을 중심으로 자연스럽게 상대방의 본심을 끌어내고 상대가 이 사람과 잘 통한다는 느낌이 들도록 하는 것이다. 즉, 대화를 할 때 항상 자기가 상대보다 말을 더 많이 했을 때 느끼는 감정이다. 상대가 더 많이 얘기할 수 있는 리액션을 보여 주는 것이 현명하다.

(5) 멋진 물음표로 시작해 따뜻한 느낌표로 끝내라

끌리는 대화는 항상 물음표로 시작해 느낌표로 끝내야 한다. 상대방에게 좋은 이미지를 남기면 호감도가 상승하여 계속 알고 싶은 사람이 되기 때문이다. 그리고 능력자가 되기 위해 다방면으로 해박한 지식과 유머감각을 연마하는 것도 멋진 방법이다.

(6) 긍정적 자세를 가지라

긍정적인 사고는 모든 일에 자신감을 갖게 하고 타인과 공감적 대화를 나누게 하며 상대방에게 신뢰감을 준다. 그리고 이러한 과정은 좋은 습관과 좋은 성격의 사고를 하게 하며 능동적 자세와 긍정적 인간관계를 형성하게 한다. 사실 누군가와 대화를 나눌 때 능동적인 자세로 적절한 질문을 하면 오랜 시간 대화를 끌 수 있다. 이때 상대방에게 끌리는 순간이 결정되면서 상대방을 향한 호감도가 상승하게 된다. 그리고 가끔씩 상대방이 질문을 던지면 적절하게 대답을 하면서 눈을 마주치는 것도 매우 중요하다.

(7) 상대방이 소중하게 생각하는 우선순위에 맞추어 소통하라

데일 카네기(Dale Carnegie)는 상대방의 가슴에 감동을 주는 최고의 방법은 “그가 가장 소중히 여기는 것에 대해 서로를 바라보며 이야기하는 것이다."라고 하였다. 그가 소중하다고 여기는 것에 관해 서로를 바라보며 이야기를 하는 것은 상대방에게 감동을 주는 최고의 방법이다.

(8) 최대한 공감대를 형성하라

상대방의 최대 관심사를 파악하고 공감대를 형성하게 되면 상대와 기분 좋은 대화를 오래 할 수 있다. 그리고 자기중심적 사고를 버리고 상대를 이해하려고 노력하는 마음이다. 오늘 한번 가장 가까이 있는 사람에게 자기 생각을 비우고 상대 입장에서 대화를 시도해 보면 어떨까? 틀림없이 기분 좋은 하루가 열릴 것이다. 상대방을 칭찬하고 공감대를 형성함으로써 상대가 동질감을 느끼게 한다. 마음을 열게 하는 것이다.

활동

내가 생각하는 멋진 대화방법

1. 노크의 법칙	
2. 거울의 법칙	
3. 기브 앤 테이크	
4. 짐신의 법칙	
5. 인정의 법칙	

제 8 장

멋지게 의사소통하는 방법을 연습하라

누군가의 마음을 살며시 노크하며 문을 여는 노크의 법칙, 나와 타인을 향해 웃어 주는 거울의 법칙, 서로에게 호감을 주고받는 기브 앤 테이크(give and take)의 법칙, 서로 마음에 드는 평생 친구 같은 사람을 만나는 짚신의 법칙, 타인과 나를 있는 그대로 인정하는 인정의 법칙은 모두 우리가 대인관계 의사소통을 하는 데 반드시 필요한 것들이다. 이러한 5가지 법칙과 함께 다음의 2가지의 방법을 사용하여 좀 더 멋진 의사소통을 함으로써 대인관계의 폭을 넓혀 보자.

1 북미 인디언의 토킹 스틱

북미 인디언인 이로코이족은 회의시간에 '대머리 독수리'가 새겨진 길이 1.5m의 지팡이인 토킹 스틱(talking stick)을 사용한다. 이 지팡이는 의사소통 수단으로서 이후 미국 원주민 사이에서 수백 년 동안 매우 중요한 기능을 수행해 왔다. 회의 시 자신의 의견을 말하고 싶은 사람들은 누구라도 이 지팡이를 들고 그 누구의 간섭도 받지 않고 다른 사람을 이해시킬 때까지 자신의 의견을 말할 수 있었기 때문이다. 이때 그 누구도 자신의 의견을 말하거나 자신의 의견을 주장할 수 없으며, 오직 발언하는 사람을 이해하려고 노력해야 한다. 만약 발언자가 자신의 말을 다른 사람들이 이해한 것 같으면 지팡이를 옆 사람에게 넘겨주고, 지팡이를 받은 사람 역시 자신의 뜻이 다른 사람들에게 정확하게 전달되도록 의견을 말한다. 이 토킹 스틱은 모두가 이런 방식으로 자신의 말을 상대방이 이해했다고 느끼는 순간 부정적 감정과 상대방을 폄하하는 논쟁은 사라지고 상호 존중하는 분위기에서 완전한 의사소통이 이루어지게 만들어 준다.

토킹 스틱

북미의 인디언들은 대화를 할 때 큰 지팡이를 활용한다. 이것은 강력한 커뮤니케이션 도구 가운데 하나로 시너지의 의미를 담고 있다. 토킹 스틱은 제각기 다른 사람들이 상호 존중을 통해 어떻게 서로를 이해할 수 있는지를 보여 준다. 토킹 스틱은 사람들이 모일 때마다 사용되는데, 발언은 이 지팡이를 가진 사람에게만 허용된다. 토킹 스틱을 가지고 있는 동안은 누구의 방해도 받지 않고 자신의 생각을 이야기할 수 있으며, 상대가 그것을 충분히 이해했다고 생각했을 때 다른 사람에게 넘겨주면 된다. 이런 식으로 모든 사람이 말하고 들으면서 자신의 말을 이해시켰다고 느끼는 순간, 놀라운 일이 일어난다. 부정적 감정과 논쟁이 사라지면서 상호 존중의 분위기가 형성되고, 그들은 창조적으로 변한다. 새로운 아이디어가 생겨나고, 제3의 대안이 나온다.

그렇다면 타인과 의사소통하기 위한 이 방법에 관해 여러분의 생각은 어떠한가? 물론 인디언 부족의 이 토킹 스틱처럼 효과적인 의사소통이 이루어지도록 하는 방법을 사용하는 것은 민주적이다. 인디언들은 자신의 차례가 오기까지 다른 사람들의 의견을 경청하고 공감을 해 주는 것은 물론이며 자신의 차례가 오면 자신의 주장을 스스럼없이 할 수 있었기 때문이다. 이런 방식은 발표력이 없거나 자신감이 없는 사람들에게도 매우 유용한 방법이라고 할 수 있다. 비록 인디언 부족들의 이 방식은 대화라기보다는 발언을 하는 것으로 여겨지지만 이러한 방법이 대화로 이어질 때 습관적으로 타인의 말을 경청하고 남의 말을 중간에 가로채지 않기 때문에 민주적인 방법이라고 하는 것일지도 모른다.

그렇다면 타인과 진정한 대화를 하기 위해서는 어떤 방법을 쓰는 것이 좋을까? 여기서 한 가지 생각해 보아야 할 것은 자신의 생각과 느낌을 주고받는 대화라고 해서 다 바람직한 것은 아니라는 점이다. 또한 대화란 어떤 사실이나 정보뿐 아니라 자신의 감정이나 의견을 서로 교환하는 것이므로 진정한 대화는 사실과 정보뿐 아니라 그것에 대한 자신의 생각과 느낌까지 주고받는 것이다. 따라서 성공적인 대인관계를 위한 효과적이고 바람직한 대화란 상대방의 감정을 존중하고 자존심을 상하지 않도록 하며 상호 이해를 촉진하는 대화를 뜻한다. 그러나 그 이전에 다음과 같은 마음이 필요하다.

첫째, 상대방을 한 인간으로 존중하는 것이다.

둘째, 상대방의 표현을 장려하고 대화를 지속시키기 위해서는 수용적인 태도가 필수적이다.

셋째, 자신의 감정이나 의사를 말로 '잘' 표현하는 것이다.

활동

토킹 스틱에서 느끼거나 배운 점

1.

2.

3.

4.

5.

2 멈춤의 미학

미국의 전 대통령이었던 조지 W. 부시(George Walker Bush) 대통령은 대통령 취임 후 얼마 동안 많은 언론이나 사람들에게 말을 잘 못하는 사람으로 평가받았다. 많은 공식석상이나 TV에 나와서 준비된 연설문을 읽어 내려가는 그의 모습은 보는 사람들이 느낄 때 고통스러워 보이기까지 했다. 그런데 어느 날부터 그가 조금씩 달라지기 시작했다. 사람들이 그의 달라지는 모습을 보면서 놀라워할 정도였다. 그가 눈에 띄게 달라지는 이유는 뛰어난 보좌관이나 최상급 연설원고 작성자 때문이 아니었으며 이미지 메이킹 때문도 아니었다.

그 비결은 바로 적절한 말의 '멈춤(pauses)' 때문이었던 것이다. 일방적으로 말을 하던 그가 매우 적절한 타이밍에 자신의 말을 멈추고 사람들에게 시선을 던지는 방법을 사용한 것이다. 이러한 '적절한 타이밍을 이용한 말의 멈춤'은 사람들에게 자신의 의견을 좀 더 명확하고 효과적으로 전달할 수 있는 멋진 연설 방법이 된 것이다. 이후 그는 이러한 매력적인 변화로 인해 대중에게 다가섰고, 그의 변화에 대중은 찬사를 보냈으며, 그의 인기는 나날이

높아져 갔다. 이처럼 상대방과의 대화 중 적절한 침묵은 상대가 자신의 생각을 정리할 시간을 주고, 말하는 당사자에게는 내용의 집중도를 통하여 대화의 깊이를 조절할 수 있게 한다. 특히 여러 사람 앞에서 연설을 하는 동안 적절한 간격으로 1~2초씩 멈춘다면 그 효과는 생각보다 매우 클 것이다. 이러한 '순간의 멈춤'이 순간의 침묵을 통해 생각을 정리하고 자신의 말의 내용과 상대의 반응을 판단할 기회를 주기 때문이다. 일방적으로 자신의 이야기를 내뱉는 사람은 상대로 하여금 피로감을 느끼게 하고, 그 사람과는 더 이상 만남을 이어가고 싶지 않을 것이다. 내가 궁금한 것이 아닌 상대방이 말하고 싶어 하는 내용을 질문하게 되면 상대방에게 끌리는 매력적인 사람으로 다가서게 된다.

3 멋지게 의사소통하는 기법

다음은 타인들과의 멋진 관계형성을 위한 의사소통 방법이다. 물론 상당 부분의 내용은 개인 간의 소통에서도 필요한 내용이다.

첫째, 상대방에게 관심을 가지라. 이름 정도는 기억하는 센스를 가지라. 누구나 자신의 존재를 알아봐 주는 사람에게는 매우 긍정적인 생각을 하게 된다. 거기다 더 좋은 사람이라는 인식을 갖게 하기 위해서 상대방에 관한 기본적인 인적사항은 기억해 두는 것이 좋다. 그렇지 않다면 그 사람의 이름 정도는 반드시 기억해 두도록 하자.

둘째, 남과 다른 자신만의 브랜드를 창조하라! 대부분의 사람이 똑같은 이 세상에서 남과 다르다는 것은 아주 매력적이다. 하지만 많은 사람은 좀 더 다른 사람이 되는 것이 사회에서 떨어져 나가고, 비판받으며, 격리되는 것이라고 생각한다.

셋째, 비언어적 소통의 힘을 이용하라! 매력은 시선으로 다른 사람들과 어떻게 통하는지를 아는 것에서 시작된다. 그러므로 자세에 대해 생각하는 법을 배워야 한다. 다리를 꼬는 것이나 팔짱을 끼는 것은 상대방에게 벽을 치는 것과 같다. 차분하며 편하게 있다는 점을 보여 주는 열린 신체언어를 사용해야 한다. 제스처로 손을 사용하고, 마음을 사로잡기 위해 미소를 지으며, 고개를 끄덕여 관심을 표현하고, 자신감과 친밀감을 보여 주기 위해 몸을 사용하라.

넷째, 공감의 소통을 하라. 당신과 가까워질 수 있음을 보여 주고, 듣는 법을 알며, 정서적 및 인지적 공감의 소통을 형성할 수 있는 사람은 점진적으로 아주 매력적이 된다. 진실한 태도로 관심을 가지며, 아무리 자신이 잘난 사람이더라도 겸손한 태도로 대화를 하는 것이 현명하다. 그 사람이 비로소 멋지고 매력적인 사람이다.

다섯째, 자신만의 독창적인 스타일을 구축하라. 진정한 매력은 마음속에서 생긴다. 항상 자신의 강점을 살린 이미지를 만드는 연습을 하자. 거울을 보며 자신의 얼굴 표정을 살피고 말할 때 어떤 모습인지 관찰하여 자신만의 스타일을 개발하는 것도 멋진 자세이다.

활동

집단에서 멋진 관계를 형성하기 위한 의사소통 방법에는 어떤 것들이 있을까?

1.

2.

3.

4.

5.

부록

부록 1

어울림의 대인관계 구축과 의사소통에 필요한 요건

부록 2

효과적인 의사소통의 방법 10단계

부록 3

나만의 실천 방법

부록 1

어울림의 대인관계 구축과 의사소통에 필요한 요건

결론적으로 끌림과 설렘으로 다가서는 대인관계 의사소통을 위해 다음과 같은 요건들이 필요하다.

첫째, 끌리게 하라! 눈빛을 마주치고 고개를 끄덕여 주라. '미러링 효과'라는 단어를 들어 봤을 수도 있다. 거울처럼 그 사람을 따라 하는 행동이 친밀감을 높여 주는 효과가 있다는 뜻이다. 상대의 눈을 쳐다보는 것만으로도 '내 이야기에 집중하고 있구나'라는 생각이 들게 할 수 있다.

둘째, 설레게 하라! 누군가의 마음을 설레게 하는 것은 매우 중요하다. 상대방의 마음을 사려면 첫 만남에서부터 관계 맺기를 통한 대화를 하는 것이 좋다. 상대방을 배려하는 마음을 담고 자신의 마음속 이야기를 이어 가야 한다. 하지만 무작정 자신의 말만 하게 된다면 상대방이 자칫 지루할 수도 있고 적절한 타이밍을 맞추지 못하면 대화가 끊기게 된다. 가장 중요한 것은 그 사람을 만나는 시간 동안 함께 공유할 수 있는 내용과 상대를 향한 진실한 마음이 상대방으로 하여금 다시 만나고 싶은 존재로 자리 잡을 수 있게 해 준다는 점이다.

셋째, 만날수록 울림을 주는 사람이 되라! 울림의 가장 기본은 경청으로서 이 경청의 의미는 '마음을 다해 듣는 것'을 말한다. 특히 자신의 의견을 말하는 것보다 상대방의 이야기에 귀를 기울이고 들어 주는 것이 기본이다. 우리나라 굴지의 기업인 삼성의 창업주인 고 이병철 회장은 아들인 이건희 회장이 삼성물산 부회장으로 출근한 첫날, 경청(敬聽)이라는 글자를 붓글씨로 써서 선물하였다고 한다. 경청이라는 의미 속에 어떠한 힘이 있기에 출근 첫날 그 글자를 써서 주었는지 짐작이 된다. 한편으로 경청은 사람의 생각하는 힘을 키운다. 그리고 경청을 잘하는 사람은 질문을 잘한다. '질문의 힘'이라는 말을 들어 보았을 것이다. 질문을 적절하게 잘하는 사람은 상대방으로 하여금 더 큰 호감을 갖게 한다. 왜냐하면 상대의 이야기에 귀를 기울여 준다는 것은 그만큼 상대에게 관심을 표현하는 것이기 때문이다. 그리고 상대방의 말이 잘 이해가 되지 않으면 그것을 명확하게 하기 위하여 자신이 이해한 것을 되묻는다. 이처럼 상대의 말을 자르거나 끼어들지 않으며 잠시 멈추고 생각을 고른 후 질문을 하게 되면 매력적인 사람으로 다가가게 된다.

자기계발 전문가인 브라이언 트레이시(Brian Tracy)는 경청의 기술을 잘 발휘하면 매력적인 사람이 된다고 말한다. 또한 그는 경청을 하기 위해서는 다음과 같은 것들을 유념하여 대화하라고 조언하였다. 먼저 상대방이 이야기를 할 때는 상대방의 눈을 마주보고 고개를 끄덕이며 상대방의 말에 관심을 나타내는 것을 보여 준다. 누구든 자신의 말을 잘 들어줄 때 상대에게 호감과 매력을 느끼게 된다. 이때 다른 생각을 하며 연기를 하는 것이 아니라 정말로 상대의 이야기를 주의 깊게 들어야 한다. 이야기를 들으며 중간중간 적당한 추임새를 넣는 것은 센스!

넷째, 어울림을 실천하는 사람이 되라. 상호 성장과 발전을 위해 대인관계에서 친밀도와 열정, 헌신을 가지고 공통의 목적을 향해 함께 동행하는 동반자가 되는 것이 필요하다.

부록 2

효과적인 의사소통의 방법 10단계

끌림과 설렘, 울림과 어울림으로 다가서는 효과적인 의사소통의 방법을 10단계로 요약하여 제시하면 다음과 같다.

① 1단계: 끌리게 하라.
② 2단계: 호감을 갖게 하라.
③ 3단계: 매력적인 대화로 설레게 하라.
④ 4단계: 적절한 밀당 대화도 필요하다.
⑤ 5단계: 공감은 과하지 않게 하라.
⑥ 6단계: 대화의 목적은 들어 주는 것이다.
⑦ 7단계: 원칙이 담긴 칭찬을 하라.
⑧ 8단계: 때로는 친밀감과 열정을 보여 주는 몸짓도 필요하다.
⑨ 9단계: 공동의 목표를 향해 헌신하라.
⑩ 10단계: 진정성을 가지고 상대방에게 성실히 대하라.

부록 3

나만의 실천 방법

❶ 끌림, 설렘, 울림, 어울림에 관한 자신만의 정의를 내려 보세요.

구분	정의
진정한 끌림이란?	
진정한 설렘이란?	
진정한 울림이란?	
진정한 어울림이란?	

❷ 끌림, 설렘, 울림, 어울림의 대인관계와 의사소통에 관해 정리해 보세요.

구분	대인관계와 의사소통에서의 자신만의 실천 사항
끌리는 사람이 되기 위한 조건	• • • • •
설렘을 주는 사람이 되기 위한 조건	• • • • •
울림을 주는 사람이 되기 위한 조건	• • • • •
어울림을 주는 사람이 되기 위한 조건	• • • • •

❸ 끌림, 설렘, 울림, 어울림의 대인관계와 의사소통 10계명을 제시해 보세요.

나의 대인관계 및 의사소통 10계명
1.
2.
3.
4.
5.
6.
7.
8.
9.
10.

참고문헌

강길호, 이지오(1998). 앞으로 인간관계의 중요성에 따른 친밀성과 공손표현 간의 관계. 한국언론학회, 42(3), 5-37.

강문희, 이광자, 박경(1999). 인간관계의 이해. 서울: 학지사.

권석만(1997). 젊은이를 위한 인간관계심리학. 서울: 학지사.

권석만(2004). 이상심리학. 서울: 학지사.

권석만(2004). 젊은이를 위한 인간관계 심리학(2판). 서울: 학지사.

권석만(2010). 인생의 2막 대학생활. 서울: 학지사.

김영애(2012). 사티어의 빙산의사소통: 마음과 마음의 소통에 대한 이야기. 서울: 김영애가족치료연구소.

김종운, 박성실(2011a). 만남 그리고 성장을 위한 인간관계 심리학. 서울: 학지사.

김종운, 박성실(2011b). 인간관계 심리학. 서울: 학지사.

노종희(1997). 인간관계론. 서울: 양서원.

박성희(1996). 공감의 구성요소와 친사회적 행동의 관계 연구. 교육학연구, 34, 143-166.

박연경, 박종팔, 조영란(2017). 인간관계와 의사소통. 경기: 양서원.

박연호(2007). 현대인간관계론. 서울: 박영사.

박영신, 김의철(2008). 한국 청소년의 삶의 질과 인간관계. 교육심리연구, 22(4), 801-836.

서요한(2016). 의사소통과 대인관계 실제. 서울: 신광출판사.

서혜석, 김영혜, 강희양, 이난(2017). 의사소통과 대인관계. 서울: 정민사.

신건호(1998). 인간관계 유형과 사회적 행동. 경기: 강남대학교 인문과학연구소.

안범희(2010). 대인관계론. 서울: 태영출판사.

양광모(2017). 타인 PR. 서울: Bookcube.

원호택, 박현순(1999). 인간관계와 적응: 삶을 위한 심리학. 서울: 서울대학교출판부.

윤운성(2001). 에니어그램 성격검사의 개발과 타당화. 교육심리연구, 15(3), 131-161.

이경순, 서경현(2011). 대학생의 대인관계 스트레스 및 부모와의 갈등과 주관적 웰빙. 한국심리학회지: 건강, 16(3), 595-608.

이경순, 이미경, 김경희(2006). 인간관계와 의사소통. 서울: 현문사.

이민규(2009). 끌리는 사람은 1%가 다르다. 서울: 더난출판사.

이성태(2006). 인간관계론. 경기: 양서원.

이재창(1994). 전문상담자 양성을 위한 교육, 제도 활용의 문제점. 대학생활연구, 12, 33-65.

이주행 외 공역(2005). 인간관계와 의사소통. 서울: 한국문화사.

이형득(1995). 자기성장 프로그램. 대구: 계명대학교 학생생활연구소.

이희경, 이동귀(2007). 긍정심리학적 인간이해와 변화. 인간연구, 13, 16-43.

임영제(2003). 21세기 디지털 시대 인간관계의 이해. 서울: 법문사.

주용국, 신민주(2017). 행복하이소. 서울: 동문사.

차배근(1989). 설득커뮤니케이션 이론. 서울: 서울대학교 출판부.

최광선(2006). 인간관계 명품의 법칙. 서울: 리더북스.

최해림(2005). 대인관계에 대한 심리학적 접근. Catholic Theology and Thought, 54, 7-39.

SBS 스페셜 제작팀, 이은아, 이시안(2010). 매력DNA: 그들이 인기 있는 이유. 서울: 황금물고기.

Bandura, A. (1986). *Social foundations of thought and action: A social cognitive theory*. Englewood Cliffs, NJ: Prentice-Hall.

Bandura, A. (1986). The explanatory and predictive scope of self-efficacy theory. *Journal of Social and Clinical Psychology, 4*, 359-373.

Baumeister, R. F., & Leary, M. R. (1995). The need to belong: Desire for nterpersonal attachments as a fundamental human motivation. *Psychological Bulletin, 117*, 497-529.

Beebe, S. A., & Masterson, J. T. (1986). *Family talk*. New York: Random House.

Bowlby, J. (1969). *Attachment and loss: Attachment* (Vol. 1). New York: Basic Books.

Breslau, N., & Davis, G. C. (1985). Further evidence on the doubtful validity of generalized anxiety disorder. *Psychiatry Research, 16*(2), 177–179.

Brookings, J. B., Zembar, M. J., & Hochstetler, G. M. (2003). An interpersonal circumplex/five-factor analysis of the rejection sensitivity questionnaire. *Personality and Individual Differences, 34,* 449–461.

Butler, J. C., Doherty, M. S., & Potter, R. M. (2007). Social antecedents and consequences of interpersonal rejection sensitivity. *Personality and Individual Differences, 43,* 1376–1385.

Cain, N. M., De Panfilis, C., Meehan, K. B., & Clarkin, J. F. (2017). A multisurface interpersonal circumplex assessment of rejection sensitivity. *Journal of Personality Assessment, 99,* 35–45.

Clark, M. S., Mills, J., & Powell, M. C. (1986). Keeping track of needs in communal and exchange relationships. *Journal of Personality and Social Psychology,* 51(2), 333-338.

Collins, N. L., & Read, S. J. (1990). Adult attachment, working models, and relationship quality in dating couples. *Journal of Personality and Social Psychology, 58,* 644–663.

Collins, W. A., Laursen, B., Mortensen, N., Luebker, C., & Ferreira, M. (1997). Conflict processes and transitions in parent and peer relationships: Implications for autonomy and regulation. *Journal of Adolescent Research, 12,* 178–198.

Constant, D., Sproull, L., & Kiesler, S. (1996). The kindness of strangers: The usefulness of electronic weak ties for technical advice. *Organization Science, 7*(2), 119–135.

Crick, N. R., & Dodge, K. A. (1994). A review and reformulation of social information-processing mechanisms in children's social adjustment. *Psychological Bulletin, 115,* 74–101.

Ellenson, J. L., & Amundson, R. G. (1982). Delayed light imaging for the early detection of plant stress. *Science, 215*(4536), 1104–1106.

Hall, E. T. (1959). *The silent language* (Vol. 3). New York: Doubleday.

Jourard, S. M., & Lasakow, P. (1958). Some factors in self-disclosure. *The Journal of Abnormal and Social Psychology*, 56(1), 91-98.

Maslow, A. H. (1962). *Toward a psychology of being*. New York: Nostrand.

Moor, C. W. (1986). *The mediation process*. San Fransisco: Josey-Bass.

Morton, J. H., Additon, H., Addison, R. G., Hunt, L., & Sullivan, J. J. (1953). A clinical study of premenstrual tension. *American Journal of Obstetrics and Gynecology, 65*(6), 1182-1191.

Rogers, C. R. (1961). *On becoming a person: A therapis' view of psychotherapy*. Boston: Houghton Mifflin.

Rosenberg, M. (1965). Self-esteem scale.

Rosenberg, M. (1979). *Conceiving the self.* New York: Basic Books.

Senge, P., Kleiner, A., Roberts, C., Ross, R. B., & Smith, B. J. (1994). *The fifth discipline fieldbook.* New York: Currency.

Sternberg, R. J. (1986). A triangular theory of love. *Psychological Review, 93*(2), 119-135.

Sullivan, H. S. (1953). *The interpersonal theory of psychiatry.* New York: Norton.

Tannen, D. (1990). *You just don't understand: Men and women in conversation*. New York: Morrow.

Yi, Y. S., & Park, K. R. (2009). A study of personality type and coping styles on conflict of married men, and their marital satisfaction. *Korean Journal of Human Ecology, 18*(2), 275-286.

워싱턴 중앙일보 미주판(2012. 8. 31.). 소와 사자의 사랑 이야기.

도형분석상담연구소 카페. http://cafe.daum.net/doulos12

한국 에니어그램 협회 홈페이지. http://www.ieakorea.com/index/

http://www.mathpark.com/

http://cattool.tistory.com/48

http://blog.naver.com/yh11chun/220592930166

찾아보기

저자 소개

신민주(Shin minju)

참나

생애미션은 사람들에게 자신이 존재하는 목적이자 본질적인 목표인 '꿈 너머 꿈'과 행복을 찾고 실천하도록 디자인(교육, 상담, 코칭)하는 것이다.

거짓나

동아대학교에서 예술학 석사학위를 취득하였고, 경성대학교에서 평생교육 · 인적자원개발로 박사과정을 마쳤다. 현재 경성대학교 교육학과와 심리학과 교수 및 진로정보센터 전담교수로 재직 중이다. 지금까지 청소년의 진로, 노인의 성공적 노화와 웰다잉, 행복에 대한 강연과 연구, 상담과 진로 코칭을 수행하고 있다.

주용국(Joo yongkook)

참나

생애미션은 ① 지식인 육성과 지식공동체 구축을 실천하는 '지식지기', ② 개인과 조직의 이상적인 미래를 창조하고 구현하도록 자문하는 '미래지기', ③ 개인학습과 조직학습을 촉진하는 '학습지기', ④ 개인 삶의 영성 문제와 해결방안을 코칭하는 '의미지기', ⑤ 신뢰와 협력, 상생의 인본공동체를 조성하는 '공동체지기'의 5가지 역할을 수행하는 것이다.

거짓나

연세대학교에서 교육학을 전공하고, 미국 미네소타 대학교에서 인적자원개발 전공으로 석 · 박사학위를 취득하였다. 코오롱인재개발원과 PSI컨설팅, Expert컨설팅을 거쳐서 한국교육개발원, 한국직업능력개발원에서 근무하였으며, 현재 경성대학교 교육학과 교수 및 진로정보센터 센터장으로 재직 중이다. 지금까지 개인 · 조직 · 지역사회의 학습과 변화, 영성과 지혜, 성공적 노화, 행복에 대한 교육과 연구, 컨설팅을 수행하고 있다.

*표지 및 장표지 일러스트레이터 **이세정**(Lee sejeong): 국민대학교 조형대학에서 시각디자인을 전공하고 있다.

끌림과 설렘으로 다가서는
대인관계 의사소통
Interpersonal Communication with Attraction and Throbbing

2019년 2월 25일 1판 1쇄 발행
2022년 1월 20일 1판 3쇄 발행

지은이 • 신민주 · 주용국
펴낸이 • 김 진 환
펴낸곳 • (주) 학지사
04031 서울특별시 마포구 양화로 15길 20 마인드윌드빌딩 5층
대표전화 • 02) 330-5114 팩스 • 02) 324-2345
등록번호 • 제313-2006-000265호
홈페이지 • http://www.hakjisa.co.kr
페이스북 • https://www.facebook.com/hakjisabook

ISBN 978-89-997-1922-6 93180

정가 15,000원

이 도서의 국립중앙도서관 출판시도서목록(CIP)은 서지정보유통지원시스템 홈페이지(http://seoji.nl.go.kr)와 국가자료공동목록시스템(http://www.nl.go.kr/kolisnet)에서 이용하실 수 있습니다.
(CIP제어번호: CIP2019003168)